目　录

新时代女工精神

新时代的女性 正芳华 正从容 正奋斗

用平凡的劳动谱写出绚丽的华章

付丁丁◎编著

中华工商联合出版社

图书在版编目（CIP）数据

新时代女工精神 / 付丁丁编著. — 北京 : 中华工商联合出版社, 2021.3

ISBN 978-7-5158-2632-5

Ⅰ.①新… Ⅱ.①付… Ⅲ.①精神文明建设-研究-中国 Ⅳ.①D648

中国版本图书馆CIP数据核字(2021)第044174号

新时代女工精神

作　　者：付丁丁
出 品 人：李　梁
责任编辑：关山美
装帧设计：安然设计工作室
责任审读：于建廷
责任印制：迈致红
出版发行：中华工商联合出版社有限责任公司
印　　刷：大厂回族自治县德诚印务有限公司
版　　次：2022年1月第1版
印　　次：2022年1月第1次印刷
开　　本：710mm*1000mm　1/16
字　　数：180千字
印　　张：14.5
书　　号：ISBN 978-7-5158-2632-5
定　　价：45.00元

服务热线：010-58301130-0（前台）
销售热线：010-58301132（发行部）
010-58302977（网络部）
010-58302837（馆配部）
010-58302813（团购部）
地址邮编：北京市西城区西环广场A座
19-20层，100044
http://www.chgslcbs.cn
投稿热线：010-58302907（总编室）
投稿邮箱：1621239583@qq.com

01

第一章

乐观自信，遇见未来更好的自己

女人要学会用自信撑起人生的高度。古人云：“自知者明，自信者强。”拥有自信的女人，活得平静、淡雅，为人处事从容、大度，不会陷入世俗的漩涡中，工作再忙再累，也会积极面对，而不会愁容满面。这样的女人未必闭月羞花，但会光彩照人。

可以不漂亮，但一定要自信

一个女人，可以没有出众的颜值，没有婀娜的身姿，但一定要有自信。在这个世界上没有丑女人，只有不自信的女人。自信是一种状态，一种气质，一种财富，更是一种不会随时间流逝而褪色的美。女人因自信而美丽，因自信而自带光芒。

自信的女人，能够从容面对生活赋予她的一切，快乐也好，痛苦也罢，她们都有勇气去接纳、去承受，即使生活是不完满的，她们也不会失去积极向上的动力。正如著名作家毕淑敏所说："我不美丽，但我拥有自信。"

正是因为有这种自信，很多女性认识到了自己的价值，看清了努力的方向，看到了人生美好的一面，展现出属于自己的独特之美。

吕燕是世界名模，也是时尚界的传奇女性。在普通人眼中，她算不上漂亮，甚至有人戏称她是"最丑的超模"……但是，她之所以能从"丑小鸭"逆袭成"白天鹅"，活出自己应有的样子，凭借的正是自信。

吕燕出生在一个贫困家庭，母亲没有工作，父亲是一位理发师。在她的童年记忆中，只有逢年过节才能吃上一顿肉。

儿时，因为相貌有些“丑”，经常会被人开玩笑。贫穷与他人的嘲笑，让吕燕变得有些自卑。随着年龄的增长，她开始学着改变自己的心态，去坦然接受身边的“非议”。在同龄人中，她的身材最高挑，但是背稍微有些驼，于是，她参加了模特培训班。

最初，吕燕参加了模特走秀比赛，成绩很一般。在这些比赛中，吕燕虽然没有获得任何奖项，但是她不放弃任何一次比赛的机会，通过一次次比赛，吕燕正式走上了模特之路，并最终代表中国参加世界超级模特大赛获得亚军，随之在国际T台声名大噪。

在人们眼中，吕燕是一个“丑女孩”，但是，她没有因为相貌而气馁，而是学会自信地面对上天赐予她的一切。

对女人来说，最重要的并不是容貌，而是那种从骨子里释放出来的自信和洒脱。自信，无疑是女性身上可贵的品质。如果一个女人的自信，只是来自外貌、身材，那这种自信是短暂的。试想，如果有一天，她变老了，容貌不再动人，身材不再婀娜，她还会从容地面对生活吗？“自信”本身是一种由内而发的精神，它是出于对自己能力的认可，并相信自己能够解决所遇到的一切困难，从而焕发出的一种气质面貌。

自信是源于精神上的富足，以及内心的底气，不要让颜值与身材影响自己的自信。正如意大利著名女演员索菲亚•罗兰所说：“一个缺乏自信心的女人永远也不会有吸引别人的美。没有一种力量能比自信更能使女人显得美丽。”一个充满自信的女人，从不惧怕年华的老去，她的内心拥有十足的底气，任何时候都能做最真实的自己。

有一段时间，很多人的朋友圈被“王菊”刷屏了。

王菊是谁？

她当过老师，做过互联网猎头，还曾是一名模特经纪人。

2018年，26岁的王菊报名参加了一档少女选秀节目，一时间引来许多非议。更让人不可理解的是，她的形象与人们观念中的“美少女”更是相去甚远——她皮肤黝黑，身材有些发胖，和肤白貌美的其他女选手站在一起，画面显得很不协调。

大家都用异样的目光看着她：

“这人好像不怎么漂亮。”

“为什么不好好待在家里呢？”

……

有一次上课，大家都穿着粉色的运动服，她却穿着小吊带，外加皮草外套。面对别人投来的异样目光，她没有一点儿不适。

在比赛中，她言辞犀利地表示，过去所做的一切，都是为了这一刻做准备，所以自己会拼尽全力。在复活环节，面对仅有一次的重回舞台的机会，不少选手相互“谦让”，有的竟然哭作一团。然而，王菊毫不掩饰自己的欲望，坚定地为自己拉票：“你们手中握着的，是重新定义中国第一女团的权利！”这一句话，让大家对她刮目相看！

从起初不被大家看好，被网友各种嘲笑，到后来以踢馆选手的身份出现，并最终突围，王菊实现了华丽逆袭。

自信的女人，未必天姿国色，未必闭月羞花，但是因为那份自信，会让她瞬间变得光彩耀人、淡雅高贵。所以，做女人就应该像王菊一样，必要时，要学会勇敢地做自己，而不要被他人的评判束缚。

在这个世界上，没有一种力量比自信更能使女人显得美丽，唯有自信才能重新定义自己、改变自己、成就自己。

接纳自己，丢掉自卑情结

在现实生活中，没有谁是十全十美的。一个自信的女人要学会接纳自己，正视自己的缺点与不足，看到自己的价值，而不要去轻易否定自己。如果连这点自信都没有，又怎么寄希望于别人认可自己呢？

作为女人，一定要认清自己，悦纳自己，放过自己。学会接纳自己，是让自己变得更好的第一步，是一把打开人生幸福之门的金钥匙。一个不能自我接纳的人，认识不到自身价值，心中一味装着自己的“缺点”与“不足”的人，怎么能从容地迈开人生的脚步，自信地面对生活与未来呢？

刘嘉毕业于一所普通的院校。在校期间，她虽品学兼优，是同学眼中的“乖乖女”，但是脸上鲜有同龄人那种灿烂的笑容。她时常会莫名其妙地不开心：

“我看上去有些刻板，要是性格活泼些就好了。”

“人们都说我讲普通话带口音，声音一点不好听。”

……

在进入职场，接触到一些优秀的人后，她愈发觉得自己身上没有什么亮点，原本就不怎么开朗的她，变得更加沉默寡言，做事也小心谨慎，尤其对别人的评价更是异常敏感。

有一次，在公司的庆功会上，不少同事都展示了自己的才艺，有人提议："小刘也给大家出个节目吧？"刘嘉见状，忙说："我事先没有任何准备，下次吧，下次吧。"

"那就给大家唱首歌吧。"见众人兴致很高，她只得硬着头皮点了一首还算拿手的歌。唱完后，见大家的掌声稀稀拉拉，心中不免有些忐忑。

这时，一个同事凑过来，半开玩笑地说："哎呀，你唱歌真是比说话还难听，回去要多练练啊。"

刘嘉顿了下，说："谢谢指点，献丑了，献丑了。"

事后，刘嘉因为这事郁闷了好长时间。其实，大家都是图个乐呵，但在刘嘉心里，它却成了一个解不开的结——她认为自己五音不全，当众唱歌让人尴尬。

在工作中，她担心别人说自己是"菜鸟"，做事如履薄冰，很少会发表独到的见解，而且工作效率也不高。时间久了，刘嘉与同事也走得越来越远。有时，领导会指出她在工作上的一些问题，这会让她感到局促不安，甚至开始怀疑自己的能力。

在生活中，像刘嘉这样的女生其实有很多，她们有很强的自卑情结，怕正面接触别人的优点，或是优越感。特别是在遇到事情的时候，会觉得自己这也不行，那也不行，不是长吁短叹，就是消沉绝望，结果犹豫、纠结、烦恼就会接踵而来，整个人的状态都很差。

自卑是一种没有必要的自我堕落。一个女人如果不能接纳自己，她可以找一万个自己不如别人的理由。例如：我不够漂亮，我的身材不好，我的眼睛不大，我的学历不高……因不认可、不接纳自己，而会变得自卑、焦虑，甚至自我封闭。所以，女人要学会接纳自己，学会爱自己。

A是一位知名的女演员，德艺双全，出道十多年来，在粉丝中一直拥有良好的口碑，鲜有绯闻。有一次，她做客一档访谈节目，主持人问她："演员是一个较特殊的行业，你在遇到问题时，是怎么调整自己的？"

A："我一直保持一种阳光的心态，不论别人怎么看，怎么说，我都不会在心里积攒负能量，我也不会去随随便便讨厌谁。做好自己才是最重要的。"

主持人又问："曾几何时，你也被贴上了许多标签，你能接受吗？"

对此，A只是淡然一笑，说自己不喜欢被人贴标签，也不关注这些，而是更关注自己演的角色，况且别人讲的不一定是真实的，所以，就随它们去吧。

在工作中，不论自己状态好坏，A都会接纳自己，有时，她甚至会对着镜子中那个别人"讨厌"的自己说："哦，你看上去挺可爱的哟。"

如此看来，A之所以能成为娱乐圈常青树，成为粉丝喜欢的明显，不是没有一点道理的。

所以，一个女人爱自己的第一步，就是学会接纳自己，只有自己接纳自己，才会被别人接纳。正如一位诗人所写：假如生命是一首歌，就要谱写快乐；假如生命是一条路，就要奔腾雀跃；假如生命是一团火，就要燃烧洒脱。不以物喜，不以己悲，自信、从容地面对纷杂的世界，一定可以成为自己人生舞台上的主角。

卸下“伪装”，展示真实的自己

在现实生活中，每个人对美的定义与理解都有一些不同。作为女性，要能发现并保持自己的独特之美，而没必要去羡慕别人，模仿别人，或去和别人比较。学会了解自己、欣赏自己，做最美丽的自己，才能活出你该有的样子。

西施是一个大美人，她笑起来能迷倒万千人；皱起眉头，双手捂住胸口时，却又是另一番美。东施本就丑陋，非要学着西施皱眉捂胸的样子，自认为这样也能令人怜香惜玉，成为楚楚动人的美人儿，不想落了个“东施效颦”的名声。

有时，越模仿越丑陋，越模仿越让人感到厌恶。保持自己的本来面目，自然而然，即使朴素不起眼，也自有一种自然、卓尔不群的光芒！

要知道，一个人的美，除了容貌之外，还有精神与人格之美。如今，越来越多的女性为了追求美，开始整容，而且认为怎么整容都不过分。

有一家知名的美容医院，每年都要为数以万计的“丑小鸭”整容，但是，让人感到奇怪的是，几乎天天都有人到美容医院投诉：

“我觉得自己不够好看。”

“手术没有什么效果。”

“嘴有些整歪了。”

……

客观地说，她们确实要比整容之前漂亮多了，但为什么会出现这种情况？原因很简单：一个人的美与丑，并不在于她的容貌本身，而在于她如何看待自己。自信本身就是一种美，如果一个女人不能坦然面对真实的自己，从心里上接受自己在容貌上的“缺陷”，即便再高明的外科整形医生也“还原”不出她的美丽。

再美的女人，如果空有皮囊，也不如能够从内心散发自信的女人够味道、够幸福——自信和内涵才是女人最好的化妆品。只有卸下“伪装”，真实地展示自己，才能活出一种好状态。

陈鲁豫毕业于中国传媒大学，曾做过《艺苑风景线》《凤凰早班车》《鲁豫有约》等节目的主持人。在节目中，她始终给人一种自然、端庄的职业形象。

对于美，她有着自己的理解，谈到女性着装，她说：“女性着装要有自己的喜好，每个人都在以自己的方式演绎着时尚，但起码不要引起别人的侧目。”她不喜欢过于华丽的服装，不喜欢花边等过多的修饰，却对简单而又恰到好处的裁剪情有独钟。

在生活与工作中，鲁豫始终带着浅浅的笑，一张细腻娇嫩的脸透出青春气息。多年未变的发型，直直地垂下，半遮住面颊。任何时候，在镜头前的她都能用轻快的语调、自然的风格，恰如其分地掌握着节奏，一举手一投足都透出成熟和自信。

工作中的陈鲁豫是自信的，也是美丽的，要知道，这种自信是由内而外散发出来的，演技再高的人也演不出来，只有内心强大的人才会拥有。

现实中，每一个女人都是独特的，所以每一个女人都应认清自己，展示自己的独特之美，发挥自己独特的优势，如此才能找准自己的位置，找到适合自己的舞台，并让自己成为这个世界独一无二的风景。

宁静性格耿直，做事自信且有主见，很少会为了他人而改变自己，因此，她的这一性格也招来了一些人的口诛笔伐，但是，她一点都不在乎，她说："做好自己就好，因为路是自己走的，何必在乎别人的眼光呢？我们不是活给别人看的，而是为自己活的。"

在《阳光灿烂的日子》这部作品中，宁静妩媚的少女形象给观众留下了深刻的印象。当时，她体重接近140斤，但依然掩盖不了她迷人的气质。

拍摄工作结束后，有一次导演和宁静讨论她在《阳光灿烂的日子》剧中的角色时说，如果那时她的身材能够再瘦一些，那形象就更完美了。但她却认为，那个年代的女人应该胖一些。她就是这样一个女性——坚持做自己，做着自己认为对的事。

有时，她会与导演产生争论，理由很简单：你连我都说不服，还做什么导演，既然你说服不了我，那就得听我的。

因为太过坚持自我，宁静被不少人称为"戏霸"，但她并不反感这种说法："说我演戏有霸气，那我承认，但如果是指做人方面，那我就不喜欢有这个称号了。"她不觉得拍戏霸道一点有什么不好。

不论演戏，还是生活，宁静从不做作，有着自己的性格和生活态度。一次，她想在家过段轻松自在的生活，经纪人却建议她参加一档节目的拍摄，她当时就发火了。事后，有人谈起这件事，问她：“你当时就没想过掩饰一下吗？”

她的回答是：“演了这么多戏，我不想在生活中再去演自己。”

即使在拍戏过程中，宁静展示给观众的，也完全是生活中的模样。这就是宁静的人生，也是她深受观众喜爱的原因之一。

在人生之路上，没有一个人能做到被每个人赞美。许多时候，我们之所以要伪装，是为了更好地保护自己，但那不是最好的面对人生的方式。毕竟，我们终归是要面对现实。真实的生活，掺不得半点虚假，也没有办法伪装，只有卸下你的伪装，做真实的自己，才能赢得更多的体面和尊重。

豁达洒脱，掌握生命的主动权

豁达洒脱的女人如一杯清茶，散发淡淡香味，让人回味悠长。在她们的身上，可以看到一种繁华落尽之后的平淡，一种荣辱不惊的洒脱，一种笑对人生风雨的沉着。

纵然岁月无情地流逝，即使青丝已经变成白发，豁达洒脱的女人也能够找到生活的乐趣，发现生活中不经意飘逸的美。或许，她们经历了一次又一次的悲痛，在人生的路途上遇到了一次又一次的坎坷，但是她们依然能够笑对生活，淡定地看这世界的花开花落、云卷云舒。

赵娟是位自尊心强、心胸豁达的女性。三年前，赵娟与丈夫离婚后，她毅然决定独自抚养还在上小学三年级的女儿。刚开始，大家都说："你收入不稳定，会影响女儿的教育，况且作为女人，你不应该扛这么重的担子……"

赵娟纠结过，彷徨过，但很快就把心态调整过来，自信而乐观地投入到工作中。失败的婚姻生活并没有影响她工作的热情，反倒让她更加积极地面对未来。有付出、有努力，就会有回报，她的工作得到了领导的认可，半年后，她的职位获得了晋升，因此有了更多学习锻炼的机会。

赵娟的乐观、自信深深地感染了女儿，女儿活泼开朗，学习成绩在班级名列前茅，深得老师的喜爱。一次，赵娟在女儿的日记中看到这样一段话：“……妈妈像书中的主人公一样，是我学习的榜样，她乐观、豁达，不但给了我许多温暖，也教会了我成为一个受人欢迎的人……”

女儿的话给了赵娟很强的震撼，同时也让她感到肩膀上的担子更重了。三年过去了，她一直乐观、豁达地面对生活，在各方面都称得上是家庭的楷模：非常注重提升自身素养；在工作上兢兢业业；生活上关爱家人、孝敬长辈；在品行上为女儿树立慈爱、善良、热心、端庄的形象。

在赵娟的熏陶下，女儿越来越懂事，且母女关系融洽，像是最好的朋友。她经常说的一句话就是：“人生虽不能事事顺心，但我绝不会向生活低头，生而为人，一定要学会向暖而生。”

在赵娟的身上，呈现出历尽沧桑却依然豁达洒脱的美丽。自信、豁达，这是一种人生的境界，这种境界，给人以宁静优雅，给人以清远幽香。纵观我们身边的女性，只要能以自信豁达的心境来容纳一切的人，她的内心世界就会变得宽敞而明亮。

人生真正可怕的，并不是我们正在经历的一切，而是在经历这些痛楚与不幸的时候，我们不能保持一种积极的态度，没有办法突破自己。在生活中，当我们学会一次次面对人生的考验与挫折，又一次次重拾信心后，总有一天，我们会变得豁达而自信，并迎来人生的春天。

自信、洒脱的女人有一种别样的吸引力，它可以让女人更妩媚生动，光彩照人，也可以让女人更坚强更有勇气，她不惧怕生活中所遭遇的艰难困苦，顽强地傲立在人生的风口浪尖，在挫折面前不低头，不气馁，不断地完善自己，努力使自己变得更优秀。

做一个豁达洒脱的女人，不需要美丽的鲜花，不需要热烈的掌声，只需要活出一种淡然与洒脱。自信豁达是一种优雅，是一种智慧，也是对简单生活的一种追求。

作为女性，在面对事业与生活中随时可能出现的问题时，不要战战兢兢、手忙脚乱，而要保持一种豁达、淡定的心态。心情豁达、从容自信的女人，总是能够看到生活中积极健康的一面，即使在漆黑的夜晚，她也知道星星仍在闪烁。古语云："落花无言，人淡如菊。"用这句话来形容豁达、淡定的女子再合适不过了。

遇事不慌，亮出最好的姿态

你的心，就是你的外表——你看，气定神闲，温柔而坚定的女人，自信又不会显得自负，无形中透着一种笃定的美感。与这样的人在一起，浮躁的心都会渐渐平静下来。

在快节奏的今天，焦虑、紧张的情绪不是我们的专属，遇事不慌，学会淡定与从容，在忙碌中重新找回自信与喜悦，才能活出最好的姿态。

晓莉是一家公司的客服部经理。结婚生子后，她辞掉了工作，做起了全职妈妈。然而，做全职妈妈这段时间，她几近崩溃。

每天晚上晓莉要起来好几次给孩子喂奶，她睡眼惺忪，精神恍惚，有的时候刚刚合上眼，天已蒙蒙亮。起床后的第一件事，就是一边抱着哭闹的孩子，一边做饭。孩子把精心烹制的辅食弄得到处都是，她把残羹冷炙当成任务吃下去。看着原先的同事升职加薪，她自己却越来越讨厌自己。老公整天在外忙碌，偶尔还要出差，在家里帮不上一点儿忙，加上经常会遇到一些烦心事，所以，晓莉的精神状态很差，做事也很没有耐心。

她甚至公开抱怨过："凭什么别人可以上班，我却只能在家带孩子？凭什么人家的孩子三四个大人看，我就天天自己忙里忙外？

凭什么你们可以对孩子无视，却来要求我？我每天累死累活，连顿热饭都吃不上，谁关心过我？结婚为什么？生孩子又是为什么？活着真累！”

许多女性对晓莉的经历感同身受。有人能把生活过成一首诗，而有人却把生活过成一锅粥，关键在于心态。生活如果抛弃了你，不要悲伤，也不要气馁。在愁苦的日子里，要心平气和，要知道，虽然生活抛弃了你，但是，你还有自己，你不能抛弃自己。

在实现自我的人生舞台上，从容自信的女人能够坦然地面对财富、名声、地位等耀眼的光环，能用包容的心态面对一切，遇事不慌，在困难面前也会表现得落落大方。所以，从容自信的女人自带魔力，能够深深地吸引身边的人。

小秦在一家服装厂工作了八年，她兢兢业业，多次被评为“优秀员工”。一年前的一天，她突然接到了公司辞退书，她简直不敢相信自己的眼睛。平时，连说话都怕吓着别人的她，鼓起勇气敲开了总经理办公室的门，并质问对方：“为什么要辞退我，我哪里做得不够好？”

总经理敷衍道：“还请你谅解，公司裁员也是没有办法的事，大家都很困难，再说，辞退的人又不是你一个……”

她觉得总经理的这套说辞很牵强，却又无力反驳。既然事已至此，也没有什么好纠结的。在走出总经理的办公室的那一刻，她的内心突然变得出奇地平静：“人总不能在一棵树上吊死。”

二天后，她脑子里有了一个主意：开一家蔬菜店。几天前，她看到一家超市在卖“净菜”——洗干净、分拣好的蔬菜，价钱要高不少。她想，别的我不会，洗菜我还是在行的。

于是，她拿出自己的一部分积蓄，在小区里租了一个小门面。第一个月，她就赚了五六千元，竟比在工厂上班赚得还多，而且生意一天比一天好，在一年多的时间，她开了三家分店。后来，在谈到那段失业的经历，她说："幸好当时被公司裁员，否则，也许一辈子也不知道自己还有这个本事。"

从这个故事不难看出，许多时候，我们遇到的一些所谓的"坏事"，并不一定会给我们带来伤害。任何事情都有两面性，不要一味盯着其消极的一面，而要更多地看到其积极的一面，如此，遇事我们才不会慌，才能从容自信地面对问题。自信一点，从容一点，就没有什么变化我们应付不了的。

如果说能力是人生的杠杆，那么从容自信便是支点，没有了支点，其他的一切便没有着落。我们在生活、工作中碰到的各种问题，细细品来，往往与缺乏自信有着千丝万缕的联系。做从容自信的女人，遇到不慌，内心笃定，才能成为生活的主角，活出自己最美的样子。

想一想，谁的人生会是一帆风顺呢？人生就是一个不断发现问题并解决问题的过程。没有遇到问题的时候，不要幻想着问题永远不会发生，一旦问题产生了，也无须躲避，而应冷静面对。

周小芳是一个职场新人，初出茅庐的她，没有什么社会经验。在工作中遇到一些问题时，经常会手忙脚乱。乔梅也是刚入职的新人，但是与周小芳比起来，遇事却能够冷静处理。

有一次，公司让她们二人一起负责一个项目。两人在外场工作时不小心将项目的策划书给弄丢了。由于所有的运作程序都在策划书上，没有了策划书，这个项目就无法开展下去。

发现策划书丢失后，周小芳慌作一团，脑子里一片空白，一个劲儿地唉声叹气，嘴里不停地念叨："完了，完了……"但是，乔梅沉思片刻，果断给公司打了一个电话，把这边发生的事告诉了公司，并商讨补救的方法。很快，公司那边就把入档的资料调了出来，并传到了她的手机上。随后，她就近找了一家打印店，将策划书打印成册。这让她们的外场工作顺利完成。

女人，尤其是职场丽人，不论什么时候，都要让自己处于最好的状态：遇事不慌不乱、从容淡定。如此，我们才能在问题来临时，第一时间果敢自信地做出判断，从容地做出选择。

从容淡定的女人，如一杯清茶，散发淡淡香味，让人回味悠长。她们的身上有着一种繁华落尽之后的平淡，有着一种宠辱不惊的沉着，更有着一种历经沧桑的智慧。故而遇事不慌，多一份淡定与从容，既是女性步履艰难的时应表现出来的一种自信，更是其应有的一种人生态度。

积极阳光，把抱怨声调成静音

在生活中，每个人女人都难免会碰到一些不如意的事情，心情烦躁了，心里委屈了，会抱怨几句，这是一种正常的情绪发泄。但是，这种情绪发泄要有度。要知道，不论是情感、生活，还是工作，都是我们自己选择的，好与不好，都要由自己负责。抱怨多了，只会让你徒增烦恼，并毁坏你的形象。所以，遇事要先把抱怨声调成静音，尝试抱着积极乐观的态度，去寻找解决问题的办法。

在心理学上，有一个名词叫“习得性无助”。怎么理解呢？简单来说，就是当一个人认为某件事情不符合自己的心意时，就会怪罪于他人或外界，而永远不会想着去改变自己。爱抱怨的人或多或少都有这种心理。可以肯定地说，一个浑身总是充满戾气，经常都在抱怨的女人，肯定不美，也活得并不好。

周末，闺蜜带陈琳去参加一个聚会，她觉得那应该是一个既能结交新朋友，又能让人放松，还能交流思想的聚会。结果却让她很失望，晚饭吃到一半，她就有些吃不下了。

聚会刚开始，一位女士说，自己的工作一点儿也不好，老板抠门儿不说，还经常加班加点。陈琳以为她是在吐槽，顺势说：“你一定是公司的核心员工，再说，工作累一点儿也是一种锻炼。”

那位女士接过话说：“公司那个小刘，一天啥也不干，工资还比我们高……”

见势不妙，陈琳马上住嘴。

接着，又一位女士诉苦道：“我可比你们惨多了，老公一个多月没回家……”

有人说：“说不定有外遇了。”

这边没说完，那边又有人说：“哎呀，我婆婆做的饭菜真难吃……”

大家喋喋不休的抱怨，让陈琳没了一点胃口，本来不错的心情也被蒙上了一层阴霾。她在想：既然不满意，为什么不去尝试做一点改变？工作不满意，没有晋职加薪，难道真只是公司的问题吗？自己做没做到“在其位谋其职”，或者为公司创造价值了吗？老公忙，就不能多理解一点儿？饭菜难吃干吗不自己亲手做？就算说得再多，现实又不会改变。

在生活中，像这样的场面并不鲜见。我们听到的抱怨越多，心情也会越糟糕。一个阳光、自信的女人，总是会用积极、阳光的心态去面对问题，而不会花时间去抱怨。而习惯抱怨的女人，她们往往出于这样一种思维：通过抱怨，来获取同情心与注意力，并且为自己开脱。其实，她们在显示自己正确的同时，也淋漓尽致地表达了自己的“愚蠢”。

殊不知，你的抱怨在他人看来既是一种不自信，也是一种负能量。试想，一个人即使能力再强，如果整天喋喋不休，怨天怨地，也会给人一种“做事靠不住”“性格不好”的印象。这样的人，又怎么能赢得别人的信赖呢？

张姐在一家公司供职了五年，也算是老员工了，她的工作能力很强。一年前，公司招了一名大学生小何，与张姐同属一个部门。

一个月前，部门主管因故离职，公司考虑提拔一名员工做主管。以张姐的资历、工龄、能力，这个职位非她莫属，但通知下来那一刻，张姐有些懵了：小何做了主管。

张姐马上气不打一处来，便亲自去问老板："为什么提拔的不是我，而是刚来一年的小何？"

老板说："你的工龄是最久，工作能力也还不错，业绩也还说得过去，但你有一个毛病，就是爱抱怨，经常在同事面前数落公司存在的问题，工作态度比较消极，这会给其他同事带来不好的影响。"

与张姐比较，小何虽然来公司只有一年的时间，但他用最快的速度、最短的时间熟悉公司的业务，并不断学习与本职工作相关的知识与技能。现在他的能力不在张姐之下，除了能力，老板最看重的，是他的工作态度。小何从来不抱怨，工作出了问题，总是会第一时间从自身找原因。

听了老板的解释，张姐还是很不服气，在公司逢人就抱怨自己得到了不公正的对待。

抱怨百害而无一利，对职场人来说尤其如此。抱怨不但对事情于事无补，而且还会破坏我们的心情，消耗我们的能量，降低我们的工作效率，影响别人对我们的信任。在生活与工作中，少一些抱怨，多一些反省，不断地提升自己，才会成为真正的赢家。

人生如同一面镜子，当你对它怨声载道不满意时，它也会对你眉头紧锁，不认可你。反之，当你微笑着面对一切时，它就会还你一个大大的笑脸。有句话说得好：生命是一首动人的歌，抱怨是其中不和谐的噪音；成功是一条长长的路，抱怨是路上一块绊脚的石头；幸福是一位痴痴恋着你的情人，抱怨是一扇阻挡你发现幸福的门。

人生如逆旅，谁都会遇到烦心事，倾诉完后就努力前行，别过度抱怨，否则就是浪费时间，也会让自己更加不堪。所以，一个女人要想活得漂亮，要做到，一不过多抱怨，二不过多解释。生命短暂，时间宝贵，与其驻足抱怨，不如启程前行，朝着理想的方向前行。

做最好的自己，活成人生赢家

在现实生活中，很多女人明明很优秀，却做不了最好的自己，更不用说成为人生赢家。曾经有这样一则故事，引起网民热议：一位女大学生在给她的前男友发微信时，说了这样一句话："遇到了熠熠闪光的你，而我却是一块垃圾。"是什么让这位受过高等教育的女孩有如此的感慨呢？

是她的不自信！

她忽略了一个事实：一个连自己都不爱，都看不起的女性，怎么来要求别人爱你呢？在这个世界上，每个人都有自己的优秀之处，你越是把自己看得卑微，越是得不到别人的珍惜。正如英国作家王尔德所说："爱自己是终身浪漫的开始。"天真的姑娘年轻时只想要天荒地老、轰轰烈烈的爱情，却从不思考做好自己，让自己变得更优秀。

有位哲人说过："如果你不能成为大道，那就当一条小路；如果你不能成为太阳，那就当一颗星星。决定成败的不是尺度的大小，而在于能否做最好的自己。"

侯女士今年45岁，经营着一家幼儿园。在生活中，她总是神采奕奕，浑身散发着自信，身边的人也经常被她的这种精神状态所感染。这么好的心态，是怎么炼成的呢？其实，她本是一个非常不幸的女人。

在她四十多年的人生经历中，遇到了许多事情，但她靠着自己的努力，一次又一次地闯过了难关。她总是告诫自己："我相貌平平，没有办法和那些相貌出众、资质较高的人相媲美。所以，不论什么时候，我都不能放弃，我要做最好的自己。"

侯女士九岁的时候，父母因车祸双双去世，家中只剩下她和奶奶相依为命。从那时起，她学会了坚强、努力，原本学习不太用心的她，开始努力读书。她要用自己的成绩来温暖奶奶的心，她要让奶奶以后过上幸福的生活。

后来，她考入了幼儿师范学校，毕业后，做了一名幼师。婚后，她生下了一个可爱的宝宝。但好景不长，她被查出患上了乳腺癌，必须要做乳房切除手术。虽然她也曾多次抱怨命运的不公平，但是，她没有向生活低头，而是选择了坦然面对。

她一边按照医嘱服药，一边默默地鼓励自己，每天都乐观地面对生活。就这样坚持了一段时间，她的身体恢复了正常。之后，她更加努力地工作。那时，她的梦想就是创办一家属于自己的幼儿园。

就在这个时候，她发现丈夫有了外遇。这对她来说无异于当头一棒。那个时候，她精神几近崩溃，甚至想到了自杀。不过最终，奶奶心疼地拉着她的手说："孩子，你对我说要努力生活，做最好的自己。谁都可以不要你，但你不能不要自己。"

于是，她又重新振作起来，从容地在离婚协议上签了字。她深知：在丈夫眼中，自己不是最美丽的，但一定要做自己眼中最美的。

经过自我调整，她很快就从婚姻失败的阴影中走出来。她终于创办了幼儿园，并且把幼儿园办得有声有色，幼儿园也多次被评为先进单位。现在，她找到了志同道合、相知相爱的男朋友，45岁的她又重新体会到爱情的甜蜜。

侯女士的经历不堪回首，但她一步一步挺了过来，而且活得越来越从容、自信，这一路走来，她一直在坚持做最好的自己。这对一个女人来说，实属不易。但上天总是公平的，她的努力得到了应有的回报。

如今，职业女性要承担内外双重压力，她们要以坚强的意志力去承担，这就要求女性在遇到困难的时候不要悲观绝望，要学着适应调整，学着改变心情。

在现实生活中，你未必是人群中最好的那一个，但在自己的世界中，一定要做最好的自己。也许你的生活并不富裕，也许你的职业很平凡，也许你正在经历人生的低谷……无论如何，你都要抬起头，挺起胸，从容自信地面对生活，即使自己成不了太阳，也要做一个星星。

任何时候，左右成败的不是你现在处于什么位置，而是你是否能够改变自己、成就自己、超越自己。因为没有谁会陪你一辈子，你所依靠的也只有你自己，把自己做好了，才能成为人生的赢家。

02

第二章

独立自强，做最美的新时代女工

如今，越来越多的女性不再依附于男性，她们通过自己的努力获得了经济上、精神上、人格上的独立。追求独立的女人，或许没有千娇百媚，桃红柳绿的外表，却似一株株在山间临风而立的木棉。

学会做新时代的独立女性

如今的女性越来越独立，地位也越来越高，这是因为新时代女性的经济地位、个人素质方面有了极大的提高，她们可以凭借一己之力在各个行业、平台与男性展开平等竞争。

有些女性即便婚后的家庭经济条件很不错，也没有选择做全职太太，而是继续努力工作。这样的女人，即使婚姻出现问题，也能紧紧地抓住自己的幸福。所以，独立自强的女性不仅活得有底气，而且也会活出精彩——她们内外兼修，经济和思想都很独立。

很多女性不是不能独立，是不想独立，或者说迈不出独立自强的第一步，她们寻寻觅觅，如履薄冰，为的是能遇到一个爱自己、疼自己、养自己的忠实“靠山”，自己不奋斗、不努力，便可以坐享财富自由的幸福人生。其实，这种女性的婚姻大多潜藏着巨大的风险——仅仅追求经济上的“安全”，而不能在思想上、精神上独立，那幸福的婚姻生活便会失去保障。所以，从一开始，女性欠缺的就不是时间与金钱，而是独立的勇气——只要你轻轻地推开门，拥抱世界，就会迎来万丈光芒。

进入职场后，C女士养成投资与储蓄的习惯，工作三年下来，已经有三十多万元的积蓄。她的薪水并不高，但是每个月都可以攒下一些，她用攒下来的钱定投一些基金，收益比较稳定。身边的同事几乎都是“月光族”，靠自己买车、买房更是遥遥无期。所以，大家都羡慕C女士懂生活，会过日子。

C女士说：“并不是我会过日子，懂得节省，该花的钱我一样不少花，但是，我只花自己的钱，从来不向家里伸手要钱。”

很小的时候，父亲就教育C女士：“要青春，要美丽，要遇到好男人，更要靠自己挣钱。”这句话深深地影响了她。这也使她比同龄人更懂得经营自己，更懂得精神独立、经济独立对女人的意义。

恋爱时，C女士极少会花男朋友的钱，她觉得男女之间是彼此独立的，没有谁一定要养活谁，谁一定要依附谁。因为她的这种价值观，所以颇受身边人的赏识。因为C女士在思想、经济上比较独立，婚后，她的小日子也过得红红火火，丈夫非常爱她，更尊重她。

的确，在许多女性看来，靠一己之力，要在今天的职场中闯出一片天地，或是成就一番事业，需要付出的太多太多。而且现实中的一些“成功”案例也似乎佐证了这种观念：一些女性创业失败，既失去了时间与爱情，也承受了巨大的精神打击，而有些女性趁着年轻嫁个有钱人，衣食无忧。

其实，这都只是表面现象。事实是，一个不独立的女人，她所面对的苦，是她不得不承受的。

反之，一个在精神、经济上独立的女人，虽然“自找苦吃”，但她会不断改变自己，提升自己，当真正的巨浪袭来的时候，没有什么能困住她们，而且她们的应变力、承受力是依赖性强的人比不了的。

邢女士多年前有过一段失败的婚姻，离婚后，为了养活孩子，她选择远离家乡，独自到外面打拼。15年后，她回家乡创业，并成了当地赫赫有名的企业家。

回顾过往的经历，邢女士的母亲总是一把鼻涕一把泪："孩子命苦，如果当初嫁个好男人，又何苦受那么多罪。"

每每如此，邢女士都会说："现在都什么年代了，我们不能信命。既然命苦，就更得努力，只有努力才能改变命运。如果再给我一次机会，即使婚姻幸福，我依然会选择努力奋斗。"

如今的职场上，处处都有奋斗的独立女性，她们努力，不是因为命不好，也不是因为缺钱，而是真切地体会到：这个时代允许一个女人独立，不是对女性的考验，而是送给女性的一份精彩礼物。

千百年来，中国女性都被鼓励去过一种相夫教子、四平八稳的生活，并将"嫁给有钱人""衣食无忧"与"幸福"画上等号。遵循这种逻辑生活的女人自然地认为：女人无须有过人的才华，无须太努力，女人依附于男人是天经地义的。试想，这种女人怎么会把幸福掌握在自己的手中呢？

在新时代，一个女人应该精神独立、经济独立，只有这样，她们在面对诸如情感、婚姻、挫折等问题的时候，才不会被外界所控制，才不会逆来顺受，才能创造属于自己的精彩生活。

发扬新时代女性的“四自”精神

今天，对任何人来说，想要取得成功，都需要不断地付出努力。尤其是女性，要想成就美满的人生，在事业上做出一番成绩，必须摆脱传统性别文化上的羁绊，树立并发扬“四自”精神。

在中国发展的整个进程中，中国女性都是不可或缺的参与者。进入新时代，她们更是秉持着“四自”精神，扮演着越来越重要的角色。“四自”即为“自尊、自信、自立、自强”的简称。1983年9月2日，在中国妇女第五次全国代表大会上，题为《奋发自强，开创妇女运动新局面》的工作报告中，第一次提出“四自”，即“自尊、自爱、自重、自强”。1988年9月，在中国妇女第六次全国代表大会上，对在第五次代表大会上提出的“四自”内容进行了修改，提出了“自尊”“自信”“自立”“自强”的“新女性意识”，并写入全国妇联章程。“四自”精神是时代对女性精神的呼唤，也是社会发展对女性成长的要求。

著名文学家郭沫若曾说过：“要有好的母亲，才有好的子女，要有好的子女，才有好的国家。”新时代、新思想、新作为，女性作为撑起经济社会发展的“半边天”，要勤奋学习，刻苦求知，立足岗位，敬业奉献，努力弘扬自尊、自信、自立、自强的“四自”精神，以一种新的心态和姿态去面对生活和工作。

第一，要有自尊。

自尊是女性确立主体意识和道德意识的前提。自尊，会激发我们前进的动力，有自尊的女性，其往往有着优雅的言谈举止，有着较高的道德修养，也有着崇高的人生目标。在人生的每个阶段，她们能把握住自己，能以坚定的信仰维护自尊，恪守道德、以积极的方式追求荣誉，在自己的平凡岗位上创出不平凡的业绩。

张春香是一位普通的环卫工人，有一次，她听说武汉协和医院需要保洁员，便第一时间报了名。她说："遇到这个事情，总得要有人去做，我做环卫工作十几年，有经验。"保洁工作结束后，她需在酒店隔离14天。在离开酒店那天，她和同事把酒店房间打扫得干干净净，因为她不想给别人添麻烦。她的职业自尊已经成为一种"无须提醒的自觉"。

在现实生活中，许多像张春香这样的女性，她们积极投身于平凡的工作，不畏艰险、日夜奋战，用勤劳和智慧书写着新时代女性强大的人格自尊、职业自尊。

第二，要有自信。

对女性来说，自信是一种不可或缺的品质，也是一种心理能量。如今，女性的自信更多是源于其自身的能力。如，她们在工作中能独当一面，能够沉着应对复杂局面，能够完成一些重要的工作。例如，在抗击"新冠"肺炎病毒的战疫中，在主战场湖北就有近50万名医护人员，其中超过一半为女性。她们有着过硬的专业技能，有着敢于攻坚克难的必胜信心与实干精神。正因为如此，她们不但圆满地完成了抗疫任务，而且展现出了强大的巾帼力量，从而提振了全国人民战胜疫情的信心。

第三，要能自立。

如今，女性越来越自立，这也促进了男女平等和社会平等。不依赖、不依附，有一份独立的工作和经济来源。挣钱不一定是为了养家糊口，但一定关乎个人的成长与自我价值的实现。自立不仅包括经济上的独立，也包括精神上、感情上的独立。精神上、感情上的独立，对女性而言显得更为重要。在生活中，不少人认为，“干得好不如嫁得好。”其实，这是一种错误的、过时的观念。嫁个好男人固然重要，但如果把自己一生的幸福都“赌”在某个男人身上，对男人而言，是一种负重，对女人而言，很可能是一种悲哀。任何时候，女人的一生都需要靠自己掌控，只有做到自立，才有资格经营自己的幸福，才能经得住风雨的洗礼。

第四，要能自强。

自强，是女性实现人生目标和社会价值的桥梁。当然，这并不是说女性一定要做“女强人”，而是要有志向，要敢闯敢拼。对女人来说，做一个生活的强者，就成功了一半。许多女性潜意识里就认为女人是弱者，有些工作更适合男性来做，这种思维方式让她们不敢尝试，即使尝试去做，也会有所保留。不论在什么工作岗位上，只要做到自强，女人一点儿不比男性差。

秦女士是一家物业公司的前台。平时，她在做好本职工作的同时，还经常会向公司的维修师傅们讨教一些水电方面的维修技巧。有一年年底，公司的几个维修师傅忙不过来，她便主动请缨，跟着维修师傅们楼上楼下地跑。很快，她就掌握了一些扎实的维修技能。第二年年初，她主动申请调到维修部。由于她技术过硬，服务态度好，半年后，就被提升为部门经理。

在工作中，一些女性之所以天然地认为，某些工作不适合女性，某些工作女性做不好，是因为她们有所保留。其实，只要有事业心与责任心，做事专注，持之以恒，每个女性都能为自己打拼出一片新天地。

任何一个人，决定其高度的不是天资，而是他的精神世界。对新时代的女性来说，只有大力弘扬“四自”精神，始终以饱满的热情、崭新的面貌立足岗位，积极进取、奋发有为，才能更好地体现自身的价值，才能成为时代的楷模，才能赢得事业的成功与人生的幸福。

女人越独立，活得越有品质

不论我们是否承认，都必须得面对一个事实，那就是，拉开女人距离的从来都不是美貌，而是成长！一个女人可以很美，可以很有钱，但是一旦她拒绝成长，放弃独立，那么幸福基本上就与她没有多大关系。

钱固然重要，可以给你的生活带来安全感，美貌也很重要，它可以在很大程度上成就一个女人的爱美之心，但它们都比不上独立。

在现实生活中，我们的脑海中经常会定格这样的画面：一个优雅的女性，每天都面带微笑，不论走到哪里，身边都有人和她相伴；不管朋友们要去做什么，总会有人想到叫上她；不管大家谈论什么，也总会有人征求她的意见。这种女人的身上似乎有种魔力，总是吸引大家的注意，而且大家也愿意亲近她。

拥有这种魔力的女人，骨子里都刻着两个字：独立。独立，让她们活出了真实的自我，这不只是一种生存状态，更是一种境界。在这种境界的衬托下，女人们宛如怒放的玫瑰，在阳光的照耀中散发着属于自己的独特芬芳，优雅而又迷人。

陶雯二十多岁，她每天笑意满满，不羡慕谁，也不嘲笑谁。她活出了女人该有的样子。与很多一心想嫁入豪门、吃穿不愁的女孩不同，陶雯完全靠的是自己的奋斗。她最欣赏的一句话就是："真实的生活远比小说精彩，女人也可以自我独立。"如今，陶雯事业有成，却依然选择踏踏实实过日子。

几年前，陶雯交了一个男朋友，那时，她为了支持男朋友的事业，主动放弃了自己的工作，每天精心照料起他的生活。时间久了，陶雯不免因为生活开支会向男友伸手要一些钱。一次，男朋友有些不耐烦，竟对她说："你除了会花钱，还会干什么？"

这句话深深地刺伤了陶雯的心。那时，她开始意识到，自己做他的女友，或是未来的太太，如果一味依附于他，注定是要付出代价的。之后发生的一些事，更是印证了她的这种判断——男友虽然事业小有成就，却是个控制欲很强的人，他总是希望陶雯按着他的意愿生活。

陶雯是一个很要强的女孩，她有自己想要的生活，对她来说，钱真的买不来幸福。于是，她果断离开了男友，搬到了月租500元的房子里。巨大的环境反差，虽然让她有些难过，但是她睡得很踏实。

从那之后，陶雯不再依赖任何人，想花钱就自己去挣，也正是从那一刻起，她开始了真正的成长——用她的话就是"做你自己，而不是别人眼中的你"。

经过三年多的努力，从身无分文，到实现财务自由，从一个普通的业务员，做到一家公司的老板，陶雯实现了华丽的转身。

德国大文豪歌德说过一句话："谁不能主宰自己的人生，谁就永远都是一个奴隶。"女人只有具备独立自主的人格、独立自主的经济能力、独立自主的情绪价值，才不会沦为他人意志的附属品，才能活得越来越有品质。

当然，在追求梦想的路上，可能会遇到意想不到的困难，但是，只要你勇敢地做自己，有独立面对这个世界的勇气，就会打开通往另一个世界的大门，破除人们思想中“女人不应像男人一样去打拼”的枷锁，活出新时代女性应有的样子。

小琴性格腼腆，在常人眼中，她并不属于那种敢干敢闯的女人。但是，她骨子里有着一股不服输的劲儿——从小到大，她并不觉得自己比男生差。

大学毕业后，她放弃了做教师的机会，而是选择到一家房地产公司做销售，这让许多人不解：一个女孩子家，为什么放着稳定的工作不做，非要去做什么销售。为此，她没少被家人埋怨。

在面试的时候，一脸严肃的考官给她讲了一个销售案例，然后给了她一张白纸，让她把其中的销售模式与流程画出来，并对案例进行点评。在众多的面试者当中，只有她的回答令考官最满意。她如愿获得了这个职位。

当时，整个房地产行业正处于调整期，市场预期不太好，但小琴却认为，经过一段时间的调整，会有大幅反弹，于是，她入职后不久，她就写了两份市场研究报告。由于观点独特，且多用数据说话，很有说服力，她也因此引起了公司高层的注意。

有一次，小琴在拜访客户的途中接到了一个电话，是公司的总裁助理打来的，让她下午到总裁办公室一趟。原来，总裁觉得她有做营销策划的潜质，决定把她调到策划部门。

刚到策划部一个月，小琴在营销策划方面的才华就展露了出来，她策划的多个营销方案均获得通过，并且在实施过程中，也收到了成效。半年后，房价开始上涨。与此同时，因为小琴的营销策划方案也为公司带来了可观的利润。公司又提升她为策划部经理，从之前的月薪5000元，跳涨到年薪20万元。一年后，她又被破格提升为公司的区域经理。短短几年时间，小琴就实现了人生的三级跳。

有人对小琴说："你现在不用那么努力了，可以闲下心来到处走走看看。"她却说："年轻的时候就应该把心思多用在工作中，看世界有的是机会。"

小琴的职业经历告诉我们，一个女人，如果想要活出真实的自我，体现出自身的价值，就要学会改变世俗的思想。许多时候，我们不能为了赢得别人的理解、支持而失去自我，只有善于坚持自我，学会倾听自己内心的声音，才能激发出自身强大的能量。

聪明的女人都明白一个道理：长得漂亮，不如活得漂亮，而活得漂亮的女人大都拥有独立的特质。当一个女人变得独立，便能把握住人生的方向，主宰自己的命运，这样的女人更能赢得别人的好感与尊重。

你的独立自强让别人更欣赏

对女人来说，漂亮是一种资本，天生爱美的女性，都渴望自己活得像花一样，正如一首歌唱的那样："我有花一朵，花香满枝头，谁来真心寻芳纵，花开不多时啊，堪折直须折，女人如花花似梦，我有花一朵，长在我心中……"

但是，再美的花也有凋零之时，花开花落，是有时限的，一个女人再漂亮，其容颜也有衰老的时候。要想让自己成为一朵不败之花，绽放独特之美，一定要懂得自我修炼——决定一个女人幸福的，是其内在的品质。

进入新时代，女性的素质越来越高，更加追求思想、经济独立，并且在许多方面都与男性展开竞争，她们不再依附于男性。经常会看到，许多年过五十岁的女性依然活跃在职场上，为人生与事业打拼，过自己想要的生活，而不甘心做一名家庭主妇。她们是忙碌的，也是充实的、幸福的，在她们的身上体现了新时代女性的一种精神——独立自强。

有一次，朋友想找一家平面设计公司合作，因手头缺少这方面的资源，便让我给他介绍一些。我通过同事找到一家规模不算很大的平面设计公司，老板是位95后美女，她姓王。王女士看上去很干练，留着短发，穿着职业装，说话很幽默。她一年前创业，现在公司十几个人，而且刚刚买了房，没有花父母一分钱。

我说："你好厉害啊，这么年轻就事业有成。"她淡淡一笑，说："时代不一样了，其实呢，我之前也向往将来做一名全职太太，但是仔细一想，时间久了，如果没有自己的事业，整个人就荒废了。"

"那你为什么会想到开一家公司呢？"

"我学的是计算机专业，毕业后工作了几年，攒了一点儿钱，也有些了资源，那时，我就想着独立做一些事情，于是注册了这家公司。现在虽然每天很忙，但是过得非常充实。随着业务越来越多，团队也越来越大，我自己也获得了成长。"

与同龄人相比，王女士更崇尚独立、自强，她说："女人独立，不是为了显示自己多么了不起，也不是为了借努力去弥补你容貌的'缺陷'，而是为了更快地成长。不断成长的女人，才会活得更潇洒，才会不负这个新的时代。"

在新时代，女人需要有自己的事业，这样才会让自己活得很从容。有事业的女人是美丽的，也是有魅力的，而且更懂得直面人生的挫折，更能经受得住失败的打击。

A女士天生丽质，长得非常漂亮。大学毕业后，她找到了一份稳定的工作，并很快就走进了婚姻的殿堂——丈夫是比她大十多岁的企业高管。婚后，丈夫对她非常体贴，加之丈夫年薪百万元，自己衣食无忧，所以她觉得自己活在蜜罐中。不久，她辞掉了工作，安心做起了全职太太。

A女士丈夫因为工作原因，经常要到外地出差，很少回家，一个月下来，在家的时间不超过一周，孩子出生后，这种情况也没有改观。半年后，她才知道丈夫原来有了外遇。至此，他们的婚姻也走到了尽头。由于A女士没有养活自己与孩子的能力，离婚后，母子只能靠对方每月给的抚养费生活。

那一刻，A女士恍然醒悟：一个女人，即使嫁了人，也要有自己的爱好、工作、事业，唯有如此，才能给自己的生活注入不竭的动力，让自己与时代同行，而不至于中断与社会的联系，成为生活的弃儿。

不可否认，在现实生活中，每个女人都有一颗少女心，都有一个公主梦，但是我们要明白：女人最好的状态，不是做别人的公主，而是做自己的女王。如果你依赖成性，失去了对生活的本能的警觉与抵抗，不经意间，可能一个小风浪也会将你击倒。

所以，女人可以貌美如花，也可以相貌平平，但一定要让活出自己的好状态，很多时候，别人欣赏你的往往不是你的容貌，而是从内而外散发出的独有的魅力。

女人，一辈子不只有爱情

在生活中，很多女性都渴望成为童话世界中的灰姑娘：希望有一天，有一位白马王子能够走进自己的生命中……这些看着爱情童话长大的女性，或许连自己都不知道，白马王子究竟在哪儿。

女人活着，不能仅仅为了爱情，生命中有许多美好的东西值得追求，爱情只是其中的一小部分。每个女人都向往浪漫的爱情与完美的婚姻生活，有的人甚至为此轻易放弃自我、放弃事业，这样的人真的会幸福吗？

现实告诉我们：一个不能独立，甚至没有独立意识的女性，即便如愿嫁给了爱情，结局也往往难如自己所愿。幸福的女人，未必会经历轰轰烈烈的爱情，但她们一定有上进心，有独立的意识。

曾经，有一部热播的电视剧，叫《我的前半生》，在这部剧中，讲述了一个全职太太的故事。她曾因老公的“我养你”这句承诺，义无反顾地放弃了自己的事业，心甘情愿地成为一名家庭主妇，她深信自己找到了真爱。她每天满脑子想着的事情，就是如何让老公吃上可口的饭菜，如何营造和谐美满的家庭氛围。时间久了，她渐渐发现，她的生活完全没了自我，而是将爱情当成一种事业。

老公出轨后，她的心理受到了沉重的打击，简直不敢相信，自己追求的所谓的爱情竟如此不堪一击，但她还是原谅了老公，希望他与她划清界限，就当什么事也没有发生。

但是，老公却淡淡地说："我已经爱她爱得无可救药了。"

女人的幸福，需要牢牢地握在自己的手里。在新的时代，女人要活得精彩，就千万不能丢失了自己，更不能靠爱情、靠老公，只有自己欣赏自己，在精神与人格上独立的女性，才能活得从容自如，并掌控自己的人生。

周女士是家里的娇娇女，人也非常漂亮。在大学期间，她是有名的"校花"，追求者众多，但她都不为之所动。毕业后不久，她认识了事业有成的A先生，并深深地被他的才华所折服，很快，两个人就坠入了爱河——"这才是我苦苦等待，且朝思暮想了多年的真爱。"这股爱情的力量如此之大，以至于她可以为之放弃工作的机会。为了能和A先生在一起，她拒绝了多家公司。她说："我每天最大的心愿，就是能见到他，并为他烧几道可口的菜肴。"

所以，与许多同学不同，她没有走入职场，而是很快步入了婚姻生活。A先生对她疼爱有加，她觉得："我是世界上最幸福的女人，现在，甚至以后都不会为了生活，风里来，雨里去地奔波。"时常有人劝她："年纪轻轻，还是要找份工作做，挣不挣钱不重要。"每每如此，她都嗤之以鼻，甚至开始怀疑对方是不是在嫉妒自己了。于是，她经常这样说："都说爱情不能当饭吃，但我宁可放弃工作的机会，也要嫁给爱情。错过了工作机会，我还可以再去找，错过了爱情，我去哪里找幸福？"

一年时间不到，她离婚了。

有一次，她对闺蜜说："我曾天真地以为自己嫁给了爱情，因为爱情，我们可以包容彼此的缺点与过错，可以相守一生，但是，没想到是现在这个结局，竟被现实狠狠地打脸。"

她一直深爱着A先生，为他付出了许多，因为爱，她甚至不让他与别的女人来往，每天疑神疑鬼，时间久了，她有些神经衰弱，脾气也变差了，还经常莫名其妙地生气。A先生为了事业，每天起早贪黑，回到家总是带着一身的疲惫，还要面对妻子的唠叨与质问。随着两个人之间信任越来越少，很快，各自的一些缺点、性格、生活习惯等方面的"冲突"也显现出来。直到有一天，A先生说："为了不让彼此成为事业与生活上的羁绊，最明智的选择就是离婚。"婚姻生活走到这一步，周女士也只好接受现实。

许多女性都曾遭遇过周女士这样的经历，她们天真地以为，女人为爱情而生，拥有爱情的女人会幸福一生。其实，爱情也需要经营，也需要养分，而不是一味地索取。一个男人爱你，愿意与你携手同行，一定是因为你身上的某种品质吸引了他。而当一个女人将自己的希望完全寄托在男人身上，而不想着努力，做自己的主人，又怎么能真正主宰自己的人生呢？

在现实世界上，女人一定要学独立，要学会做自己的主人，这样才能活得更有尊严，才能更好地把握自己的幸福。其实，恋爱也是做人的一部分，聪明的女人善于把握自己的人生，她不会把男人当成自己的所有，她能够合理地安排自己的生活和情感，这样即使爱情出了问题，她也可以潇洒地挥一挥手，继续自己的生活。

学会经济独立，别手心朝上

在经济上独立的女人，在精神上往往也很富足。对一个未婚的女性来说，经济独立，会让她在择偶方面有更多的选择。对已婚的女性来说，经济独立不但能让自己为家庭承担一些经济责任，也让自己有能力去做一些自己想做的事。

女人要活得潇洒，活得有底气，首先要学会经济独立！无论在恋爱时，还是在婚姻里，都别想着手心朝上。你一旦牺牲了自己的赚钱能力，换来的不一定是回报，有可能是被嫌弃，甚至被抛弃。经济与精神独立，你才能人格独立。

有一位女星，曾被誉为亚洲最有魅力的女人。她曾在接受一家电视台采访时说，从18岁开始，她就靠自己赚钱生活了，而且从来不花男朋友的钱。虽然赚钱很辛苦，但是她一想到自己能养活自己，就很开心。

这样的女人，不花男人的钱，在经济上独立。而经济上的独立可以保证自己精神上与人格上的独立，不用看别人脸色，不用依靠任何人，她们也因此活得自由自在。所以，经济独立是女人独立的根本。

如今，女人和男人一样走上社会，挣钱养活自己，做自己的主人。女性更应崇尚独立意识，而不应有“靠”的念头，因为“靠山山倒，靠人人跑”，只有自己最靠得住。一个女人只有经济上独立了，才会在生活中获得心理上的安宁。

女人一定要自立。自己不立，谁来立你？即使你嫁给了一个很爱你的男人，他肯处处包容你，但这样的包容和爱也是有限度的。

汪女士是一位制片人，一年前，因丈夫出轨，她选择结束这段持续了五年的婚姻。如今，单身的她早已从那段失败的婚姻生活中走了出来。凭借着自己的努力，她从导演助理，一路成长为一名优秀的制片人。已过而立之年的她，对“女性要经济独立”有了更深的认识：“我毫不掩饰自己对金钱的热爱，在与前夫离婚后，我不得不自己养活自己，而且还要供孩子读书，当我成为制片人时，我可以骄傲地说：‘一个女人在做到经济独立之后，她才能更好地爱惜自己。婚姻也有风险，一个经济独立的女人比一个没有经济能力的女人更有能力承担这种风险。’”在朋友看来，虽然汪女士有些“拜金”，但这也反映了新时代女性对于经济独立的认可。

汪女士之所以能从一场失败的婚姻生活中走出来，自信地面对新的生活，与她的经济独立有很大的关系。即使在过去，经济独立也是女人打开幸福的一把钥匙。魅力女人靳羽西曾经说过：“我认为女人最重要的是经济的独立。我现在最大的自由是，我可以从自己的口袋里掏钱买书、买我喜欢的衣服，这是女人最大的自由。现在许多年轻的女孩子需要什么东西的时候就对她的男朋友或爱人说我喜欢这个我喜欢那个，她们是不自由的。我以前曾经嫁过一个很有钱的男人，可是他没有给过我一毛钱。”

作为女人，只有经济独立，才可能有人格独立、思想独立，才可能寻找到自身的价值。只有这样，不管你处于什么样的境地，都可以靠自己的双手修补和美化自己的生活，获得生命的尊严。

有这样一句话：“你若盛开，清风自来。”努力成为一个经济独立的女人，你必将会为自己打开一扇新的大门，看到更精彩的世界。

你的人生攥在自己手里

过去，人们对女人都持有这样一种观念：女子本弱，她们应勤俭持家、相夫教子。随着时代的进步，这些传统观念也在悄然发生着改变。特别是进入新时代，很多女性变得独立、乐观、坚强、优雅。

如今，女人不再像过去那样依赖男人，她们也可以找一份自己喜欢的工作，可以过自己想要的生活，遇到自己喜欢的东西可以去努力追求。她们不断地提升自我价值，让自己变得越来越独立、自信，把命运牢牢地攥在自己手中。正如一句话所说："我认真做人，努力工作，为的就是有一天，当站在我爱的人身边，不管他富甲一方，还是一无所有，我都可以张开手坦然拥抱他。他富有我不觉得自己高攀，他贫穷我们也不至于落魄。"

几年前，刘爽嫁给了一位事业有成的青年才俊，让闺蜜们好生羡慕。有时，她也会在朋友圈晒一晒自己幸福的生活照：与社会名流合影，到世界各地旅游……

这是多少女人的梦想，在她们看来，女人这一辈子活成这样也值了。

一年前，有段时间没有消息的刘爽发了一条朋友圈：独立自强的女性才是主宰自己命运的女王。

闺蜜们的第一反应是：她不是阔太太吗？怎么突然如此感慨人生？大家一打听，才知道她早已回归职场——在一家外贸公司工作。有朋友问她："离开职场这么久，你怎么又想起回归呢？"

她说："这是我想要的生活。以前过得很无聊，不知道自己该干什么。孩子有保姆带，一日三餐有阿姨做，出门有司机，我呢，能干嘛？"

朋友说："不知道有多少人羡慕你呢？可以不用早起上班，随时可以去旅行，享尽各地美食，这才是美好的生活呀！"

她淡淡地说了一句话："我现在拥有的一切我都很感激，但没有拼搏努力的生活总是少点儿生机。"

朋友觉得她在说假话，以为她的婚姻生活出现了问题，其实不然，她是实在厌倦了锦衣玉食的日子，觉得朝九晚五的生活很规律、很踏实，而且老公也很支持她出来工作。另外，刘爽还有一个目标，就是将来要创办一家属于自己的外贸公司。

对女性来说，努力的意义，不只是为了追求美好的生活，更在于实现自我、超越自我。

或许有人会说："我很普通，我也只想做一个普通的人。"要知道，在这个世界上，那么多优秀的人还在努力，你又有什么理由停止前进的脚步呢？努力，不一定会让你产生质的蜕变，但一定可以让你避免平庸。

一个优秀的女人除了努力，她还可以将人生看得更加透彻，她理解自己想要什么样的生活。在实现自己人生价值的同时，不会把爱情作为自己的生活重心，并且学会看淡过往，希冀将来。懂得了这些，女人一定成为生活的主宰。

有位女士与丈夫认识了10年，从一个青涩的女孩变成温柔贤惠的母亲。婚后不久，她就生了小孩，并且辞掉工作，做起了全职妈妈。

刚开始，一切还好。她包下家中所有的杂务，任丈夫在外打拼。时间久了，她发现自己每天就是陀螺般地照顾老人和孩子。那段时间，她时常徘徊，夜里流泪。她原本以为，再坚持三两年，等孩子长大点就会好些，没想到丈夫竟然出轨了。那一刻，她倍感无助、绝望，只能整天以泪洗面。

后来，丈夫跟她提出离婚。她伤心至极：明明是你背信弃义出了轨，为何还要我委曲求全？离婚了，孩子跟谁？现在自己一没工作，二没积蓄，拿什么养娃？

那一刻，她后悔当初把自己的“后路”给断了。

类似的情节在现实生活中多得数不胜数。它再次告诉女人，学会主宰自己的命运才能成为人生的赢家。任何时候，女人都要主宰自己的命运，而不要被命运所主宰。越是处于人生的低谷，越不要做“傻白甜”，而越要有“搏一把”的勇气，敢于折腾，敢于挑战，才有可能打拼出一片新的天地。

在实现生活中，有些女性总会抱怨自己的不幸，而其中的不少人会把原因归咎于命运的不公，或者“女人是天生的弱者”。按照这种逻辑，那女人想要获得幸福，就必须依靠命运的眷顾。这种想法显然是错误的。

所以，女人的名字不叫“弱者”，女人也不需要一味地依赖。

一个真正能活出自我的女人，她必须要掌握人生的主动权，做自己最坚实的依靠，而不会寄希望于别人给她安全感、快乐、幸福。从现在开始，就把你的人生紧紧地攥在自己手里，总有一天，你能随心所欲地过着自己想要的生活。

03

第三章

勇敢坚强，书写别样的人生轨迹

人的一生，难免会遇到一些坎坷和挫折，作为女性，你要学会勇敢地面对各种困难与挑战，不将就自己，不辜负生活，只有在不断的历练中，才能让自己变得强大。

女人，你的名字不是软弱

在现实生活中，女人在某些方面天生就比男人要柔弱，如身高、力气等，这是无法克服的，它们是由先天因素决定的。在很多男人的眼中，女人就应该温柔如水，这样才能以柔克刚。正如徐志摩在一首诗这样写道的那样：“最是那一低头的温柔，像一朵水莲花不胜凉风的娇羞。”

的确，温柔的女人能够唤起男人的保护欲，能让男人感觉到自己的强大。但是，柔弱不等于软弱，女人可以柔弱，但绝不能软弱。特别是在现代社会，女人一定要学会坚强，而不要暗示自己是弱者。只有自信一些，自强一点，才会重塑自己，突破自己。要知道，在这个世界上，没有谁的一生是一帆风顺的，也没有谁可以让你依靠一辈子，你不坚强，没有人替你勇敢。所以，女人要学会甩掉“软弱”这个包袱，轻装前行。

孙女士是一个性格软弱的女人。几年前，她嫁给了现在的老公，婚后生了一个可爱的孩子。他们的日子过得还算不错，但是，老公有一个缺点，那就是脾气有些暴躁。

在一次家庭聚会上，孙女士正兴致勃勃地和大家一起聊着天，突然，她老公铁青着脸冲进房间，冲着她大声吼道：“你就知道闲聊，还管不管孩子了？孩子刚才差点儿磕着头。你快长点儿心吧！”

见状，孙女士收起了笑容，一声不吭，赶紧去照看孩子，甚至一句争辩的话都没有。老公的训斥，让她在朋友面前颜面尽失。

在家庭生活中，时常会出现类似这样的情况。只要老公觉得她哪里做得不够好，不是鄙夷，就是大声呵斥……朋友都说孙女士太软弱了，面对丈夫一而再再而三的语言暴力，她从来都是默默忍受，没有做过任何反抗。

在这个故事中，孙女士为什么会一直忍让老公？就是因为一开始，她就选择了软弱，对老公的呵斥，甚至是谩骂视而不见，一味地忍受，习惯成自然，最终形成了他们相处的模式。不论是在家庭中，还是在其他场合，女人没有理由让自己做个弱者，必要时，要学会勇敢地站出来表明自己的态度。否则，你的软弱只会让对方变本加厉。

在现实生活中，不少女性都曾经，或正在扮演着各种弱者的角色，比如，她们要面对家庭暴力，要忍受不公正的待遇，要面临性别歧视，等等。但现实告诉我们，女人不能软弱，也不应该软弱，许多时候，你的“好脾气”换不来别人的同情，只会让对方觉得你没有底线。

在爱情与婚姻生活中，如果一个男人真的在乎你、爱你，那他是绝不会无端伤害你，更不会打骂你，并且在你受委屈的时候，他会站出来为你遮风挡雨，抚平创伤。如果一个男人总是让你受委屈，总是给你带来伤害，那说明他不在乎你的感受。你一味地软弱，不懂得反抗，你们之间所谓的爱情或婚姻，也注定是一场悲剧。

女人不只在婚姻中不能软弱，在职场、社会生活中也不能软弱。

在一些电视、网络媒体中，我们经常会看到这样的新闻：一些色狼在公交或是地铁上骚扰女性，有些女性敢怒不敢言，结果对方更加猖狂。有些女性会选择站出来，怒斥色狼，并及时报警，让其他女性也免受伤害。试想，如果每个女性能在保证自身安全的情况下，及时表达自己的愤怒与态度，色狼还能屡屡得逞吗？

女人，你的名字不是软弱，在遇到不公与伤害时，不要哭哭啼啼、唯唯喏喏，软弱本身解决不了问题，只会让你遭受更大的委屈，你只有鲜明地表明自己的态度，做出有力的回击，才能更好地保护自己。

直面生活，做内心强大的女人

在生理上，女人固然要比男人柔弱，但是，这并妨碍女人的内心强大。一个内心强大的女人，她不一定非要去征服什么，但要有一定的抗压力，以承受一些不期而遇的人生之痛——可以是感情，可以是生活中的挫折，可以是事业上的失败。

正因为内心的强大，她们遇事更冷静、更坚韧、更理性，知道什么该做，什么不该做，以及该如何做，而不会遇事束手无策。

在现实生活中，我们经常会听到这样的声音：

“我非常害怕别人说我……”

“我真的不敢面对那种局面……”

的确，不少女性都非常在意别人的眼光、评价，所以，她们在生活中很难做回真正的自己。尤其是在遇到不顺心的事情时，经常难以释怀。说到底，这都是由于内心不够强大。有一句话说得好，“受得了多大的委屈，就能成就多大的事；受得了多大的诋毁，就能承受得住多大的赞美。”

要做一个内心强大的女人，必须要学会肯定自己，直面现实，不要一味地跟着别人的脚步或是方向前进，如此，才能走出一条属于自己的路。

或许，女人表面上不像男人那样刚强，不像男人那样有泪不轻弹，然而她们在哭过痛过，开启一段新的征程时，丢掉的是懦弱，拾起的却是坚强。尤其是经历过风雨的女人，坚强可以使她们更从容地面对生活，并使其绽放出绚烂的光芒。

在人的一生中，要经历许多的痛苦与磨难。对一个天生懦弱的女人来说，一次的痛苦经历就足以把她推向一蹶不振的境地。反之，一个坚强的女人，会把痛苦与磨难当作人生中的“试刀石”，经过“试刀石”的磨砺，会变得更加坚韧而有张力。

岳女士大学毕业后便嫁给了她的一位大学同学。丈夫年轻有为，结婚不久就携家带眷定居在国外。岳女士觉得自己很幸运，也很幸福。

后来，她的丈夫在工作中认识了一位年轻漂亮的女士，并且很快就纠缠在一起。岳女士知道这件事后，便提出离婚。离婚后，由岳女士负责抚养两个女儿。岳女士觉得自己被老公抛弃了，整日茶不思饭不想，顿觉自己的命好苦，甚至有过一死了之的想法，但想想还有两个可爱的孩子，便收起了眼泪。

逐渐，岳女士从悲痛中走了出来，凭着自己过硬的英语基础，很快就在当地找到了一份中文教师的工作。因为每天都很忙碌，她的生活过得相当充实，很快，她就闯过了难关，重新展露出快乐的笑容。

回想那段心力交瘁的生活，岳女士长叹了一口气，说：“在我婚姻刚破裂的那段时间，我觉得自己被抛弃了，整个人很无助，很迷茫，我甚至有些看不起自己。后来我调整自己的心态，我觉得其实我也没有那么不堪，我们分道扬镳，是因为缘分已尽，这么想，我立马觉得轻松多了。我的世界中没有了他，生活会依然继续，而且我相信，这个世界上还有人欣赏我、喜欢我，如果我连自己都不爱，又怎么能让别人爱自己呢？因为不再自怨自艾，自暴自弃，因此我要让自己的内心强大起来。现在想想，那段经历对我并不是坏事，至少，它教会了我如何面对生活，如何做一个内心强大的女人。”

岳女士的这段话也道出了许多曾从人生低谷走出来的女性的心声。她们身在逆境的时候，没有就此沉沦，自暴自弃，而是选择坚强，让自己本能地往前看，往上走。所以说，真正内心强大的女人，或多或少都吃过苦，都有一定的生活阅历，也善于自我调整。

不论过去经历了怎样的痛苦，或正在遭受怎样的伤害，抑或对未来如何迷茫，余生都要做一个内心强大的女人，不念过去，不惧未来，心无旁骛地固守着内心的那份坚定，幸福终将如约而至。

女人可以哭，但不可以输给生活

许多时候，男人都会这样安慰受伤的女人："没关系，输就输了吧。"或许男人们不懂，其实女人们也很在乎输赢。尤其在生活中，有时不是女人不能输，而是她们输不起。

坚强的女人在尝尽生活的酸甜苦辣，历经风霜雨雪后，会更懂生活，会更珍惜当下，她们思想独立，自尊自爱，内心强大，不苟同于世俗，关键时刻能够勇敢地做出自己的选择。

与之相反，有些女性却一次次向生活低头，甚至甘愿做别人的附庸品，面对生活中的不如意，她们缺少独立的思考，屈从于他人，能做的就是哭泣，甚至自暴自弃，似乎只有这样才能让自己解脱。

小郑是家中的乖乖女，她从小没有受过什么苦，也很少独立面对问题。从小学到大学，她的成绩一直名列前茅。毕业后，她到一家IT公司做程序员。公司中精英荟萃，而且男性居多。由于经常需要加班加点，小郑工作了两个月后，明显感觉自己有些跟不上工作节奏。而且，她编写的程序代码中经常会出现一些较低级的错误。每每别人指出她的错误，她都有些心不甘情不愿。

由于工作压力大，加上业绩又不怎么突出，小郑感到了前所未有的失落，她经常和朋友诉苦：“这真不是女人干的活儿，一天累死累活，还要遭别人的白眼。真不想干了。”在工作中，有时遇到不顺心的事她还会掉眼泪。

年终评优时，小郑连候选名单都没有上，她失望至极。由于承受不了这种“打击”，她提出了辞职。之后，她又换了两份工作，还是遇到了同样的问题。她不清楚自己输在了哪里，要知道，从小到大自己那可是学霸般的存在。她迷茫、无助，生活工作搞得一团糟。

小郑面对的问题，很多人都曾经历过。简单来说，是因为她没有建立起坚强的心性与独立的人格。从小到大，她虽然学习成绩优异，但是缺少“风雨”的洗礼。结果，赢了学习，却输给了生活。

人们都说“女人是水做的”，在现实生活中，女人也较男人更爱哭：看到感人的场景会哭，遇到伤心事会哭，太过激动也会哭……的确，女人的情感较为丰富。

一个内心强大的女人，并不是说不可以哭泣，而是不能软弱，在哭过后，一定要擦干眼泪，笑对生活，这才是女人应有的一种坚强。

有一段时间，一位叫渭梅女的女孩儿爆红网络。她虽然没有双腿，却总是微笑着面对别人异样的目光，并温暖着身边的每一个人。

2019年11月29日晚，中央电视台综艺频道播出了一档节目《向幸福出发》，在节目中，渭梅女讲述了她的人生故事。渭梅女的励志故事感动了无数的观众。

在渭梅女三岁时，一次车祸让她失去了双腿，父母将她遗弃在渭河边。后来，好心人将她送到福利院，在院方的关心照顾下，她开始学习用双手支撑走路，之后，她还学习了诸如打羽毛球、游泳、滑板、俯卧撑等运动项目。她参加过几次残疾人运动会，还得过几枚金牌。

渭梅女是一位性格坚强、乐观的女孩。她在福利院做了一段时间老师后，想到外面的世界看一看。于是，她开始到处找工作，由于身体残疾，且没有什么学历，所以一直没有找到自己心仪的工作。她先后做过电话销售、客服、人事等工作，但薪水都不算高，日子过得紧巴巴。后来，她偶然间接触到网络直播，而且发现还能通过网络卖货赚钱，于是决定在网上直播卖服装。她一个人到外地进货，并且销售、宣传、打包、邮寄等工作也全由自己完成，每天从早忙到晚。

经过一段时间的努力，她的粉丝达到了百万之多。每天直播虽然很辛苦，但是她心中充满了希望。

渭梅女是一位坚强的姑娘，她努力的样子很美！她并没有因为失去了双腿而自暴自弃，也没有把希望寄托在他人身上，而是笑对人生，通过自食其力，来创造自己美好的未来。可以说，她给自己搭建的舞台超出了别人对她的界定和想象。当命运把你推向深渊，是就此认输，还是奋起反抗，渭梅女的故事给了我们答案。

在当代社会，竞争无处不在。作为女性，要想在激烈的竞争中脱颖而出，或许比男性要承受更大的压力，要付出更多的努力。任何时候，只有无惧风雨，选择坚强，才能开出最美的女人花。

再苦再累，也要学会笑一笑

在如今的生活中，每个人都会碰到各种各样的困难和挫折，如失业下岗、家庭变故、婚姻失败、学业不顺、经济困难等诸多问题。这其中，女性遇到的难题又往往多于男性。在面对这些突如其来，又一时无法解决的难题时，你是笑着面对，还是就此沉沦，你的应对方式决定了你是否是一个内心强大的人。

苦难几乎是每个人都会经历的。在经历苦难时，你甚至以为“我这辈子就这样了”，然而，“柳暗花明又一村”又告诉我们，只要努力就能改变当下的形势。为什么我们会经历这些“苦难”呢？孟子曾这样解释：“故天将降大任于斯人也，必先苦其心志，劳其筋骨，饿其体肤，空乏其身，行拂乱其所为，所以动心忍性，曾益其所不能。”

一个屡屡失意的年轻人慕名寻到老僧释圆，沮丧地说：“像我这样的人，活着也是苟且，有什么用呢？”释圆听后什么也不说，只是吩咐小和尚：“施主远途而来，烧一壶温水送过来。”少顷，小和尚送来了一壶温水，释圆老僧抓了一把茶叶放进杯子里，然后用温水沏了，放在年轻人面前，说：“施主，请用茶。”

年轻人呷了两口，摇摇头说：“这是什么茶？一点儿茶香也没有呀。”

释圆笑笑说：“这是名茶铁观音啊，怎么会没有茶香？”

释圆又吩咐小和尚说：“再去烧一壶沸水送过来。”

沸水送来后，释圆起身，又取一个杯子，撮了把茶叶放进去，稍稍朝杯子里注了些沸水。年轻人俯首去看，只见那些茶叶在杯子里上下沉浮，一丝细微的清香袅袅溢来。年轻人禁不住欲去端那杯子，释圆微微一笑：“施主稍候。”说着便提起水壶朝杯子里又注了一缕沸水。年轻人再俯首看杯子，见那些茶叶沉沉浮浮得更杂乱了，同时，一缕更醇更醉人的茶香在禅房里轻轻弥漫。释圆如是地注了五次水，那一杯茶水沁得满屋生香。

释圆笑着问：“施主可知同是铁观音，却为什么茶香迥异呢？”年轻人思忖着说：“一杯用温水冲沏，一杯用沸水冲沏。”

释圆笑笑说：“用水不同，则茶叶的沉浮就不同。用温水沏的茶，茶叶轻轻地浮在水之上，没有沉浮，怎么会散逸它的清香呢？而用沸水冲沏的茶，冲沏了一次又一次，茶叶沉沉浮浮，就释出了它春雨的清幽，夏阳的炽烈，秋风的醇厚，冬霜的清冽。”

我们何尝不是一撮生命的清茶？而命运又何尝不是一壶温水或炽热的沸水呢？茶叶因为沸水才释放了深蕴的清香；而生命，也只有遭遇一次次的挫折和坎坷，才能留下我们一脉脉人生的幽香！

人生不如意，十之八九。秉性柔弱的女孩在遇到困境时，看不到前途的光明，抱怨天地的不公，甚至破罐子破摔，在精神上倒下；而秉性坚忍的女孩在遇到困境时，能够泰然处之，认定活着就是一种幸福，无论是顺境还是逆境，都一样从容安静，积极寻找生活中的快乐，不浪费生命的一分一秒，于黑暗之中向往光明，在精神上永远不倒。

一个女人有一个最疼爱的孩子——她的侄儿。因为侄儿是她从小带大的。有一次，她的侄儿出了意外，并永远离开了她。

她悲痛欲绝。在这个世界上，她除了这个侄儿，没有更亲的人了。在与侄子一起生活的那些日子，她觉得生命是那么的美好，有一份自己喜欢的工作，有一个温暖的家。而现在，她甚至失去了活下去的勇气。她开始忽视自己的工作，忽视朋友，对生活充满了怨恨。最后，她决定放弃工作，离开家乡，把自己藏在眼泪和悔恨之中。

一天，她在清理办公桌，准备辞职的时候，突然看到一封侄儿以前写给她的信，上面有这样一段话："我永远也不会忘记那些你教我的做人的道理：不论活在哪里，不论我们分离得有多么远，我永远都会记得你教我要微笑，要像一个男子汉一样承受所发生的一切。"

她把那封信读了一遍又一遍，觉得侄儿就在她的身边，正在对她说："你为什么不照你教给我的办法去做呢？撑下去，无论发生什么事情，把你个人的悲伤藏在微笑底下，继续过下去。"

于是，她决定重新回到工作中。她一再对自己说："事情到了这个地步，我没有能力去改变它，但我可以乐观地对待它。"

人，最怕的是自己的眼睛只看到鸿沟中间的万丈深渊，以及悬崖峭壁，而完全忽视了对面就是一片旷野。

女人一定要学会坦然地接纳生活中一切不幸的遭遇，微笑着犹如在接受一种财富。对于乐观坚强的女人来说，即使在漆黑的夜晚，也能看到星星仍在闪烁；即使乌云密布，她仍然坚信太阳不久就会照耀头顶。任何时候，都不要奢望世界为我们而变，也不要幻想生活总是那么圆满，生活的四季不可能只有春天。

每个人的一生难免要经历沟沟坎坎，品尝苦涩与无奈，但不能失去对生活的希望。从现在开始，微笑着面对生活，不要抱怨生活给了你太多的磨难，不要抱怨生活中有太多的曲折，不要抱怨生活中存在的不公。当你走过世间的繁华与喧嚣，阅尽世事，你会幡然明白：人生不会太圆满，再苦也要笑一笑。

逆风起舞，发掘真正的“自我”

在这个世界上，没有谁的人生是一帆风顺的。如果说，顺境是人生的养料，那么逆境就是精神的养料。坚韧的人生，不只能够在春暖花开中绽放，也能像寒冬的腊梅，伴着雪花翩翩起舞。

正如冰心在其诗歌中写的那样：“成功的花，人们只惊羡她现时的明艳，然而当初她的芽儿浸透了奋斗的泪泉，撒遍了牺牲的血雨。”作为女性，你可以不成功，但不能不成长。尤其在逆境中，更要学会自我“培养”，只有拼命扎根、发芽，并不断汲取养分，丰富自我，将来有朝一日才能惊艳绽放。可以说，在逆境中的态度决定了自我人生的高度。

鹫是一种攻击力极强的鸟。小鹫鸟一旦羽毛生成，母鸟立即将它们逐出巢外，当小鸟想回到母鸟的巢穴中时，母鸟会奋力地用嘴把小鸟啄出巢穴，因为这样可以让它们在幼小的时候就经受空中飞翔的磨炼。这种历练使它们能在日后成为禽鸟中的“帝王”。如果它只在巢穴中享受安逸的生活，那就只能与麻雀无异。

正如尼采所说：“那些没有消灭你的东西，会使你变得更强壮。”一个受苦的人，如果悲观了，就没有了面对现实的勇气，也没有了与苦难抗争的力量，结果他将受到更大的苦。女人一定要学会在逆境中活出真我。苦难是一所很好的学校，在苦难的刺激下，勇敢的她们发挥出最大的潜力，挖掘出真正的“自我”，从而取得事业上的成功。

从一名普通的下岗女工到身价千万的养殖大王，不惑之年的钟爱东仍然勤劳淳朴。在事业几经起落后，她悟出了一个道理：横下一条心，没有过不去的坎儿。

虽然钟爱东把全部的心血、最好的青春年华都给了工作了近20年的工厂，甚至没有时间照顾年幼的孩子，但她还是下岗了。

下岗后，她接到的第一个电话是妇联打来的。她说：“就是这个电话，在最艰难的时候教会我用笑容去迎接困难。”

钟爱东在工厂的时候就经常与周围的农民接触，知道养殖水产有发展前景。看准了这一点，她拿出了仅有的2000元“箱底钱”，又东奔西走借了些钱，承包了200亩低洼田。资金不够，就赚一分投入一分，滚动式周转。几年下来，天天“泡”鱼塘、搞技术，200亩低洼田变成了水产养殖地。钟爱东说：“那时鱼塘就是我全部的生活了。我每天早上都要花1小时绕池塘走一圈。”

钟爱东没想到，生活中的第二次打击来得这么快。一场大洪水淹没了她刚刚有起色的鱼塘。站在堤坝上，看着不断上涨的洪水一点点吞没了鱼塘，钟爱东绝望地回了家。“哪里跌倒就从哪里爬起来”，这是钟爱东丈夫当时对她说的唯一的一句话。倔强的钟爱东没有流泪。洪水过去后，她开始带着工人继续挖塘、养苗，引进新技术、新鱼种，被洪水淹没的鱼塘一点点“回来”了。

钟爱东成了远近闻名的“鱼王”，鱼塘越做越大，还办起了企业。

生活有悲有喜，起伏不定，但是太阳却依然光亮，月亮仍然美丽，星星依旧闪烁……一切的一切仍旧是那么和谐。生命依然会有着更美丽的色彩，需要我们去开发。明天，总是美好的。只要我们在艰难中咬紧牙关，我们就能够在痛苦中盼来新一轮的朝阳。

许多女人之所以优秀，是因为她们都经历过逆境。精良的斧子，再锋利也是从炉火的锻炼和磨削中得来的。许多人虽然天质资聪颖，却因为一生中没有逆风起舞的机会，于是默默无闻，实在可惜。

有的女人一遇到挫折，就抑郁、消沉、一蹶不振，把自己变成困难的俘虏，这样的女人其实是在自暴自弃。试想，一个自暴自弃，对自己没有信心的女人，怎能赢得他人的喝彩，又怎能做命运的主人？

身处逆境，只有内心强大的女人才能很快走出失败的阴影，自己拯救自己。如果你凡事皆抱着消极的心态，那么就算让你中了一千万的彩票，也是坏事一桩。因为你可能会害怕中了彩票之后，有人会觊觎你的钱财。这样的人生，又去哪里寻找快乐，寻找自我？

与孤独为伴，心不再飘摇

不少女性都有这样的口头禅：

“唉，实在无聊。”

“这日子过得真是烦死了。”

“我整个人都快憋疯了。”

……

这是许多女性的真实写照，她们整天百无聊赖，感到孤独寂寞。过多的孤独往往会给人的身心带来危害，比如沮丧、失望、抑郁、烦躁、自卑、绝望等。人是群居动物，我们需要在与别人的交流中体会快乐，也需要在一种融洽的社会关系中体会温暖！因此，每个人都需要适时走出孤独。

但是，走出孤独，不能随心所欲，放纵自己。例如，有些女性的身边没有人陪伴，整天会胡思乱想，上网聊天，和网友打情骂俏，甚至因为忍受不住寂寞，会有种渴望“红杏出墙”的冲动。这考验的就是关于女性的道德与欲望的问题了。在如今这个时代，可以说空虚是家庭幸福的杀手，也是婚外情最大的导火索。

小敏结婚四年了，老公工作很努力，儿子也很乖，她本来应该幸福快乐，可是自从儿子上幼儿园以后，她心里总觉得缺少了什么。为了打发这无聊的日子，她开始上网聊天。

有一次，她偶然间认识了一个网名叫雷的男人，两个人聊得很投机。有时，小敏有什么苦衷会向雷诉说，雷总是耐心地开导她，渐渐地，雷的形象开始在她的脑海中清晰起来——高大、英俊、有担当、有责任感……

从此，在她的精神世界中似乎不能没有这个男人的影子，她开始意识到，自己或许喜欢上了对方。有一次，对方主动约她见面。欣喜、慌乱、犹豫……她从未有过如此的纠结。

稍平静下来后，她突然想到了老公，想到了他炎炎烈日下汗流浃背的身影，想到了他对这个家庭默默无私的付出。内心经过一阵痛苦的挣扎，小敏决定与雷就此了断这份情缘。

从那之后，她的心不再飘摇，她学会了与孤独为伴，日子过得平淡而幸福。

一个家庭，有男人的一半，也有女人的一半，缺了哪一半，都是不完整的。一个幸福的家庭，离不开夫妻双方共同的奉献，互相的依赖、信任。

很多女人认为，结婚后，有了一个可以依靠的肩膀，有了一个可以遮风挡雨的家，从此，身心都不再漂泊，不再流浪，不再寂寞。其实不然。女人走进婚姻生活，每天要为洗衣做饭带孩子而忙碌，而老公则把大多数时间都投入到工作中去了，两人沟通条件方便了，沟通机会却少了。结婚之前的激情没有了，生活日益变得枯燥无聊。这样的日子怎么能不寂寞。

一个女人，若想超越孤独，必须要学会独处，把孤独当作自己的朋友。人生其实是一段孤独的旅程，孤身来到世间，孑然离开世界。如果能够学会独处，就能在寂寥的时候让自己静思内省，以成就一个更好的自己。

仲娜是一名绘本作家。她大学时学的是美术专业，毕业之后在一家广告公司工作了十多年，后来为多家报纸、杂志画插画。虽然薪水不错，但是她对这份工作有些厌倦。为了给自己内心的选择寻找一点寄托，她决定辞职创业。

但就在这时，老天跟她开了一个玩笑——她被查出癌症。患病之后的仲娜，画风也悄然发生了变化。此前她的画风“俏皮、富有攻击性”，患病后，她笔下开始经常出现这样的场景：一个孤独的人，一张毫无表情的脸，一条无边的道路，一片空旷幽暗的场景。

朋友不解，问她：“为何会有这样的变化？”每每如此，她的脑海里就会浮现出一个画面：一个人忍受着病痛，坐在窗前，忧伤而茫然地望着窗外……

正是在这种时候，她看懂了人生，看到了人们对都市生活情感的另一种表达方式。正是因为有了对人生的更深一步认识，她的艺术水准有了质的飞跃。

仲娜在创作时是孤独的，因此，她的作品也是孤独的。而正是这种孤独，感染、打动了许多人。很快，她的作品就引起了外界的关注，并且多次获得大奖。她甚至感慨地说：“因为一场疾病，成就了一个画家。”这句话不仅仅是成功者的感悟，更是对那场孤独给自己带来灵感的感慨！

不管是文学作品，还是音乐、美术、戏剧作品，很多都是灵感与孤独的产物。在现实生活中，有许多作家、音乐家、科学家，都有过这样的经历。所以有人说：“只有一个人的时候，才听得到自己的声音。它会告诉你，这世界比想象中的要宽阔。你的人生不会没有出口，你会发现自己有一双翅膀，不必经过任何人同意就能飞。”

没有孤独，便没有独立的灵魂与思想。作为女人，不要一味摒弃孤独，而要学会面对孤独，品味孤独，享受孤独。这样，才能让自己的内心变得强大，从而活出独立、精彩的自我。

正视失败，做生活的强者

人生就是场修行，失败是一种历练，痛苦是一种财富，每个人的生命旅程都是崎岖不平的。面对考试的失手，竞争的失利，恋爱的失败，亲友的失和，颜面的丢失……难免会感到无奈、无所适从……

其实，这些都是人生沿途的风景，所不同的是，它们尽是路边的“枯枝败叶”，面对这些，女人通常会悲伤、失望，甚至会觉得自己的世界从此失去了色彩，变得一片苍白。这是因为女人心中有一片“放大镜”，它会放大其所遭遇的失败和困境，从而不能自拔。

一个刚刚毕业的女大学生，带着满心的抱负开始了找工作的路。没想到事与愿违，她辗转多次，都没有找到合适的工作，她的信心被一次次的失败吞没，逐渐地由希望变为绝望，她开始后悔上大学时的挑灯夜战，开始抱怨世事的不公，也开始觉得自己一无是处，觉得生活在这个世界上已经没有意义了，最后她选择走上一条不归路。

这个年轻的生命就是因为心中那块“放大镜”踏上了迷途，她放大了没有找到工作这件事情，认为没有工作的自己一无所有，她看不到自己所拥有的，没有吸取失败带给她的教训，没有心平气和地总结经验，最后酿成了悲剧。

在面对失败时，女人首先要摘下心中的“放大镜”，以一种平和的心态来面对眼前的“枯枝败叶”。

考试落榜？没什么大不了。这只是学习的一个过程，正好是查漏补缺的一个好机会，下次再加把劲，相信自己定会成功。

竞争失利？没什么了不起。“胜败乃兵家常事”，从哪里跌倒就从哪里爬起来，胜利的曙光就在不远处眨着眼睛呼唤着有毅力的人。

恋爱失败？没什么可留恋的。有舍必有得，只有放弃该放弃的，才能最终得到自己想要的。

亲友失和？没什么可担心的。毕竟血浓于水，亲人之间心灵不会产生太厚的隔膜，大家见面相视一笑，那些所谓的恩怨也就烟消云散了。

颜面尽失？没什么可难为情的。人非圣贤，孰能无过？揭开羞涩的面纱，用一种悠然、平和的心态重新迎接新的生活。

有人说过：“即使水果，成熟前味道也是苦的。”的确，所有成功的质变都来自失败量变的积累，成功是什么？就是走过了所有通向失败的路，剩下的路就是成功的路。

每个女人的成功路上都会遇到这样那样的阻碍与困难，只要相信自己的选择是正确的，坚持走下去，也许离目标只有一步之遥，不放弃就会收获希望。

屠呦呦专业从事疟疾药物的研究，她的思路是利用中国古典医学中关于疟疾治疗的药方，研究每一种药方治疗疟疾的效果，从而找到一种专门针对疟疾的化学成分。

两千多种关于疟疾的药方需要一一排查，这是一个枯燥烦琐的过程。当她测定了两百多种中草药的药效后，却遗憾地发现没有任何有价值的信息。她并没有放弃，而是改变策略，大量查阅古典医学书籍。

某天，她无意间读到晋代葛洪的《肘后备急方》。书中提到一条处方，说是青蒿能治愈疟疾导致的发热症状。屠呦呦之前用青蒿素提取物做过试验，但并不成功。她在疑惑中，反思之前的试验方法，猜想是不是试验中，提取温度过高导致化学成分失去活性。于是，她尝试利用低沸点溶剂提取有效化学成分，将其用于疟疾细胞的治疗，结果震惊地发现疟疾抑制率竟高达100%。

得到这样的结果，很令人兴奋。可是，当试验对象变为小白鼠时，部分受体得到痊愈，但另一部分却出现了疑似中毒的现象。没人敢说，这种药物用于人体是否安全。

在这样的情况下，屠呦呦或许是本着对古人药方和自己提取方法的一份信任，决定用自己的身体做实验，以测定青蒿素是否会伤害人体。医生对她进行试药观察，并逐渐增加药物剂量。她亲自试药，感觉良好，最重要的是，医学方法观察到的内脏器官各项指标都很健康。此时，可以初步证明，该药物对人体没有可见的副作用。之后，青蒿素顺利的应用于疟疾的治疗，屠呦呦因此获得了诺贝尔生理学奖。

如今，女性创业者越来越多，在创业的道路上，不可避免会遭遇各种挫折，如果没有坚定的信念和意志力，便很难有新的进展与突破。其实，困难和失败都有相应的解决办法，只要你鼓起勇气面对，去分析失败的原因，调整航向，你就会化逆风为顺风，离你的目标也就会越来越近。

在遇到挫折时，永远不要轻言失败，勇敢面对才是唯一的选择，人生的路上真的没有过不去的火焰山。深夜里，只要你再挺一挺，黎明的曙光便会悄然降临在你的身上，所有的苦难就会一扫而光，幸运就与你相伴！

04

第四章

秀外慧中，彰显内在的知性之美

拥有知性之美的女人，不一定多漂亮，但是让人看着舒服。从外在看，她们谈吐优雅，举止得体。从内在看，有阅历，有主见，有自信，心中有一处不受外界干扰的精神田园。所以，知性美象征着一位女性在拥有美的同时，也代表着智慧的化身，而不是虚有其表的花瓶。

女人之美，在于内涵

内涵，是一个很抽象的概念，简单来说，就是对某一特定人或事的看法，或是认知感觉。它是内在的，是隐藏在事物深处的东西。

一个人的内涵，主要来源于其生长环境和家庭对他的培养，以及其成长阅历。内涵会外化为很多细节，如举止、仪态、为人处世的态度、做事方法、眼界、心胸、认识感知，等等。所以说，内涵是需要时间来培养的。

一个女人有没有内涵，不能只看脸。在生活中，或许每个女人都有过这样的想法：如果永远都18岁该多好！即使我们真的能做到长生不老，永远年轻漂亮，但这只是我们的容颜，而不是我们的思想和内涵。

高女士硕士毕业后，去了一所省级重点高中任教。第一次登上讲台的时候，她的形象竟引起了台下的一阵“骚动”——不少学生窃窃私语。她今年26岁，看上去比实际年龄老了不少。虽然长得白白胖胖，但身高却只有1.5米，还说着带有浓重口音的普通话。在她进行自我介绍时，说到自己未婚时，台下的学生用一种异样的眼光看着她，眼神中流露着好奇，她多少有些尴尬，但是，她马上进行了一番自嘲。有些学生竟说："这个老师真奇葩啊。"

一节课下来，大家竟然喜欢上了这位老师：眼前的这位"奇葩"老师，能将生硬的专业词汇以最通俗易懂的方式讲出来，同时，她将新旧知识融会贯通，让许多理解能力差的学生也茅塞顿开，而且，她的语言非常幽默，课堂气氛始终很活跃。

在这个故事中，最初大家不喜欢高老师的形象，并以貌取人，认为她不会是一名优秀的老师，结果她只用一堂课就征服了全班的学生，为什么？因为她让学生看到了自己的另一面，也就是她的内在，即她是一个有着极高文化素养，且很风趣幽默的人。

所以，一个人的内在与容貌并无本质关系。有些女人长相很漂亮，但说话缺少文化素养，行为举止粗俗、不雅，会让人觉得"此人没有内涵"，这样的女人在他人看来就没有吸引力。有内涵的女人，未必有显赫的地位，未必出身豪门，但一定会显出某些高贵的品质，或谈吐优雅，或举止端庄，或善解人意，或知书达理，或体贴入微……

所以说，外表并不代表一切。长得美虽然可以给人留下不错的第一印象，但是如果一个人仅有美貌，却脑袋空空，别人在和她经过一段时日的交往之后就会觉得无趣。

小吴是杨月的同事，不但人长得漂亮，而且性格非常好，又非常会来事儿，杨月常说："小吴是我见过的最有内涵的女人。"

在平时的生活中，小吴从来不说没有根据的话，也不会去评价任何一个人。有时几个女生凑在一起，会进行各种八卦、吐槽，而小吴如同芸芸众生中的一股清流，几乎从来不参与其中，整个人身上没有一点负能量，总是给人一种温文尔雅、乐观积极，而又让人感觉很舒服的形象。

有一次，小吴被一位朋友恶意伤害，连身边的人都有些看不过去。大家都劝她："她这么伤害你，你至少跟她要个说法啊。"小吴淡淡一笑，说："事情忍忍就过去了。"却自始至终没有说过对方一句坏话，连句责备的话都没有。后来，那位朋友自感理亏，主动跑来向她道歉，她欣然接受，两个人相处如初。

所以，小吴在公司的人缘非常好，也深受大家的尊重。

在这个故事中，小吴在日常生活与工作中表现出了非常高的素养，她给人的印象是：大方、漂亮、聪明、善良……而且会拿捏做事的尺度，懂得进退，在为人处世时展示出一种气度。这就是小吴的与众不同之处，也就是我们所说的内涵。

所以说，女人可以没有漂亮的容貌，但不能没有内涵。只注重外表的女人肤浅、庸俗，让人一过就忘，拥有思想和内涵的女人，像陈酿的美酒，历久弥香，让人难以忘记。有内涵的女人从容、淡定、稳重、内敛，有内涵的女人不盲从、不依附、不世故、不苍白，不会随波逐流，有内涵的女人处处闪耀着魅力的光彩。

智慧女人活得更漂亮

当代女作家毕淑敏曾说过这样一句话：“智慧是优秀女人贴身的黄金软甲，是女人纤纤素手中的利斧，可斩断征途上的荆棘，可斩断身边的烦恼。”的确，女人，可以没有闭月羞花之貌，沉鱼落雁之容，但不能没有智慧。智慧可以重塑女性美丽，拥有智慧才是女性美丽永驻的根本，智慧是胭脂粉末无法取代的。如果说修养是美丽的花朵，那智慧则是花朵不可缺少的养分。

智慧赋予女人的是充满自信的风采，是言谈举止间透露出的优雅，是上得了厅堂下得了厨房里显露出的从容。智慧的女人成熟、稳重、大方、博爱、宽容、善解人意、明事知非、张弛有度。

历史上著名的“朝服劝谏”，就是长孙皇后运用超高的智慧与巧妙的方法来规谏丈夫李世民，化险为夷，避免了一场惨剧的发生。

一天，大臣魏征上朝面见圣上李世民劝谏，惹怒了李世民，令其大为恼火，要杀魏征。长孙皇后听说后，也不多言，朝服一穿，去晋见皇上，看到皇上，叩头跪拜：“恭喜圣上！”李世民问长孙皇后：“何喜之有？”长孙皇后说：“皇上这都是您英明啊！大臣们才敢于谏言，今天的国泰民安，都是您善于听取谏言的结果，理应恭喜！”这里，虽然长孙皇后没有直接向皇上求情，说别杀魏征，但是，李世民已知晓了长孙皇后的意思，于是赦免了魏征。长孙皇后用自己的聪明智慧，化险为夷，避免了一场人头落地的惨剧。

有智慧的女人有自己的想法，会独立思考，不会随波逐流、人云亦云。

一个女人，就算貌美如花，但没有学识，没有智慧，也只是一个好看的花瓶，只有靠聪明才智，才能赢得天长地久。

姜女士三十多岁，她的性格既要强又自卑，还非常敏感。姜女士的老公学历高，工作也不错，但有一点让她无法忍受，就是经常出差，不喜欢回家吃饭。在日常生活中，姜女士时不时还会和婆婆来场婆媳大战。更让她闹心的是，孩子越来越不听她的话。在家中，该如何担负起妻子、妈妈、儿媳妇等多重角色呢？

为此，她不断学习相关方面的知识，如怎样教育孩子，怎样处理婆媳关系，如何提升夫妻关系等。经过一年多不间断的学习，以及亲身实践，她收获颇丰，幸福满满。

如今，姜女士每天都把家里收拾得井井有条，与婆婆的关系变得非常融洽，老公回家能体会到家庭的温馨和谐，她不再简单粗暴地对待孩子，孩子也更听话更懂事了。现在，她继续改变自己，如尝试各种健身运动，还考了中级会计师，她想有个新的开始。

在谈到如何做一个智慧女人时，她说：“遇到不开心的事，学会换位思考，理解他人，对家人有更多的耐心和包容心，减少对父母的依赖和期盼，不能过多地要求改变他人，应学会先改变自己，改变自己的思维模式。”

都说做人难，做女人更难，做一个智慧的女人更是难上加难。但如果你是一个智慧的女人，那么，无论是家庭还是事业，都会顺风顺水。

在生活中，并不是每一个女人都有姜女士这样的智慧，很多人是在走了很多弯路之后，回望过去，才发现有些路错得不可理喻，有些伤受得太过幼稚。这些都没有关系，只要学会自我反省，从做过的事中吸取经验教训，并不断地进行生活积累与修炼，就能一步一个脚印地不断成长，并把世界看得越来越通透，活得越来漂亮。

别让“粗俗”毁了你的优雅

女人的优雅是自己的护身符，它比美丽更有价值。花开花落终有时，女人的美丽最终会因岁月的漂洗而褪色，优雅的魅力不但不会因岁月的流逝发生改变，反而会更加彰显出它的弥久醇香。

做一个优雅的女人应该懂得选择自己的所爱，并让男人更加珍惜自己。当年的才女林徽因曾让三个优秀的男人都为之痴迷，一个是建筑大师梁思成，一个是诗人徐志摩，一个是学界泰斗金岳霖。这就是优雅之魅力所在。

优雅的女人才有魅力，它不仅仅来源于漂亮的外表，更在于内在的涵养。一个满口污言秽语的女人是粗俗的，没有几个人会喜欢她。反之，一个优雅的女人是有着深厚的文化底蕴，她们是懂得品位、宽容、自尊与温柔的。美丽的外表对于一个女人来说犹如一只漂亮的酒瓶，如果瓶子里装的都是脏水，会让人反胃、恶心；相反，即使这个瓶子很普通，但是如果里面装的是美酒，却会让人陶醉。

刘爽是一个长相平庸的女孩，个头儿有些矮，而且她的右脸有一块青色胎记，让人看了有些害怕。但是每个看到刘爽的人却总感觉她有着一种特殊的气质，有一种独特的魅力。

周小杰是公司里的业务能手，他一直非常欣赏刘爽的为人，甚至经常开玩笑说："以后找女朋友，就找像刘爽这样的。"

有人不解，问："刘爽是个很普通的女孩子，外表也不怎么出众，你看上了她哪里？"

周小杰笑着说："刘爽这个女孩子很聪明，说话温文儒雅，而且很有才华，就像是一部百科全书。她从来都不会和一群无聊的女人聚在一起谈论公司的是非，图书馆是她经常去的地方。"

原来，周小杰欣赏的不是刘爽的相貌，而是她的优雅。

优雅的女人在举手投足之间都会显出她们的修养与内涵，而且能做得恰到好处。对举止粗鲁、不讲文明的女人，人们往往嗤之以鼻，即使这种女人腰缠万贯，也没有人愿意搭理她们。优雅的女人则不同，即使她们没有钱，没有什么名声，也没有地位，就凭她们的优雅举止，便足以赢得人们的尊重，这就是优雅所显示出的魅力。

王湘身材高挑，学历很高，而且长得非常漂亮，但是始终没有找到心仪的男朋友，这让她非常苦恼。有一次，她的朋友把她介绍给一位名叫乔强的帅气男生，乔强非常优秀，名校毕业，是一家公司的市场部经理。

王湘很欣赏乔强的年轻有为，更欣赏他儒雅的气质与干练的做事风格。但是，乔强在与王湘相处了一段时间后，觉得两人在一起不合适，理由是：王湘是个粗俗的女人，她习惯说话带脏字，而且有些势利。

他们刚认识不久，有一次，王湘问对方："你一个月能赚多少钱？”

乔强说：“也不是很稳定，忙的时候会多一些，平时也就那样。”

“到底是多少，你这个回答不像个爷们儿。”

“也就2万元吧。”

“2万元！你这点儿工资在北京能够干什么，我真想知道你是怎么生活的。”

“我觉得还好啊，没什么大的开销。”

“你租房要不要钱？你偶尔和朋友出去吃个饭，唱个歌，要不要花钱？你现在要谈恋爱，将来还要结婚，一个月只赚2万块，可想而知，那日子过得该有多惨！”

从那之后，乔强开始觉得王湘的价值观有问题，于是打算不再与她相处下去。最后，他们之间的事也就不了了之。

在这个故事中，即使王湘真的觉得乔强的收入有些低，也不应表现出某种惊讶与鄙夷，这不仅会让对方难堪，也有失个人形象。

当然，女人的优雅不仅表现在言谈中，也体现在行为举止中。有教养的女性，她们温文儒雅，坐有坐相，站有站相。

女性们一定要记住，没有人会喜欢粗俗的女人，一个粗俗的女人，无论你的长相多么出众，你的才华有多么出众，都不会是一个优雅的女人，同样也不会受到他人的青睐。

知书达理，做优雅的职场丽人

“知书达理”主要用来形容一个人有教养、通事理。在现实生活中，知书达理的女人内敛自然、气质典雅、有涵养、懂礼貌、会尊重人，与人交往时能换位思考，常站在对方角度上想问题，通情达理的女人，始终会给别人带来亲近感，这样的女人也经常得到他人的好评。

在影视剧《白鹿原》中，观众最欣赏的女人，恐怕要数高玉凤了。

高玉凤是一位老秀才的女儿，由白孝文做媒，嫁给了保安团的黑娃。她是黑娃的第二任妻子，也可以说是他生命的救赎者。

黑娃命运多舛，起初做过长工，接着被家族驱逐、抛弃，后来闹农协，也做过土匪。他在浑浑噩噩中度过前半生，不知自己的人生是苦是甜，是苦是乐。只有和高玉凤生活在一起的那些年，他才活出了些模样——开始读书求学，改造自己，追求更好的生活。

在黑娃刚提亲时，老秀才提出一个条件：必须戒大烟。于是，黑娃将自己绑在旗杆上五天五夜戒了烟。新婚之夜，黑娃自惭形秽地对高玉凤说：“娘子，我以前不是人，是个……”她打断他的话：“我只说从今往后，不说今日以前。”

黑娃哽咽着说："你正眼瞧我，我就有了贴心人。"

……

妻子的知书达理、刚柔相济，让他感到无比的可靠和安全。

剧中还有这样一个画面。

黑娃一早起床，高玉凤已不在床上，他走出正房，只见晨曦中，她坐在灶台前拉着风箱，膝盖上放着一本书。此情此景，看得黑娃直发呆。书本的陶冶，使她冷静大气，又能给黑娃带来安宁沉静。

高玉凤读书，却不迷信书，她有着自己的识人标准。她对黑娃的底线是要求他"戒烟"，但并没有看不起他的缺点。一天，黑娃说自己也想读书，她说："你想念就念。"后来，在高玉凤的影响下，黑娃开始不断改变自己的形象，言谈举止中开始出现几分雅致。

尘世间，美好的女子有很多种，但高玉凤却与其他女子不同，她身上凝聚了传统女性的温柔体贴，沉淀了读书人的自信优雅，又绽放新时代女性的独立、开放、包容。

有人说，女人如花，因为花儿千娇百媚，但也不要忘了，花儿也容易枯萎。也有人说，女人如水，因为水是那么清澈明净，那么温柔，但也别忘了，水的样子，会因淤泥而变脏。女人可以如花似水，但更应优雅如书。

在生活中，一个知书达理的女人活得更洒脱，也更受人欢迎。有些女人过得不如意，不是自己的经济条件差，也不是没有好的性格，而是自己的智慧不足，修养不够。特别是在中年后，孩子的教育、婆媳关系、人际关系等问题，都非常考验一个女性的修养与智慧。

最近，郜女士被一些生活琐事搞得焦头烂额。前一段日子，她发现丈夫开始背着自己抽烟，时间一长，烟瘾越来越大。婚前她最欣赏丈夫的一点就是他不抽烟不喝酒的好习惯，认定他将来是一个模范丈夫。

一天，她正在与朋友在家中聊天，丈夫下班回到家，直接冲到卫生间吞云吐雾，朋友对她说：“你老公怎么抽烟啊，你不是说你老公不抽烟，是个难得的好男人吗？”她觉得自己在朋友面前失了面子，当天晚上，便与丈夫大吵了一顿。

过了几天，婆婆从农村来看儿子，还随身带了一条小黄狗。老人家的理由是：“你们城里人可以养宠物，我就不能养啊？况且，你们都要上班，就‘小黄’能陪我。”郜女士不知如何是好。

后来，她与一位朋友谈起这些事儿，想听听对方的建议。

朋友说：“你这个人，有个缺点，就是凡事爱叫板儿。男人抽烟怎么了？那叫男人味儿。”后来，她又提到婆婆的事，朋友说：“你要多体谅一下婆婆，她都一把年纪了，在老家也就那只狗陪她，你应该感谢它呢。”听朋友这么一说，郜女士心里也觉得明朗了许多了。

当天晚上回家，他就给丈夫买了一条烟，还给婆婆买了一件新衣服，给小黄狗买了狗粮。收拾房间的时候，她在床头柜上放了一个烟灰缸，丈夫有些不好意思，表示以后尽量少抽烟；她在客厅角落放了狗窝，老太太笑得合不拢嘴。

在平时的生活中，郜女士碰到一些问题时，总是习惯站在自己的角度想问题，所以经常会觉得别人不理解自己，甚至有意为难自己。其实，当她换个角度思考问题，变得知书达理，会突然发现，身边的人与事原来都是那么美好。所以说，知书达理的女人总是能活出另一种境界。

那如何做一个知书达理的女人呢？

首先，要学会照顾到他人的感受。一个有教养的女人，懂得站在对方的角度去思考问题，她能理解对方的情绪与感受，在处事上便能以合理的方式照顾到对方的感受，跟这样的人相处，感觉很温暖、很贴心。

其次，懂得尊重。尊重是内化的美，一个知书达理的女人会尊重不同的价值观，对于别人的行为观念即使不认同，也不会轻易排斥与攻击，而是会去尊重他人的习惯与喜好，并予以理解与包容。

再次，能够自律与自我提升。知书达理的女人对自己是有一定程度的自我要求的，她们会不断精进，不断提升自己的个人涵养，她们在为人处事中会有严格的自律要求，做事不会以自我为中心，也不会去影响到他人。

事实告诉我们，知书达理的女人其内在的良好品格修养会映射于外在的优雅和从容之美，甚至能让人嗅到从她们的骨子里飘出来的芳香。

千娇百媚，美不过矜持

女人的美有很多种，有沉鱼落雁之美，有温柔娇媚之美，有聪明贤惠之美，有优雅内敛之美……不一样的女人，有着不一样的美，而矜持，自古都是女人最美丽的姿态之一。

古代的女人矜持，多与家庭殷实和教养分不开，女性的形象代表着家族的身份和地位，且与所受教育程度有关。在三从四德的私塾教育下，女性的热情都隐藏于矜持中，才有了端庄娇羞中透露的典雅美。

有人会说："现在都什么年代了，女人还需要矜持吗？"矜持不是不开放、做作等，而是一种不张扬，外表温柔，内心坚强，文静而不呆板，热情而不轻浮，清高但不冷漠！女人最典型的矜持之美，多为古装戏里演绎的长袖掩面，欲说还休，如果将"矜持"用在现代女性身上，就是我们所说的含蓄、温文尔雅、娇羞、端庄。

在今天，矜持的女性也往往与所受教育和教养分不开，矜持的女人有气质，有内涵，她们通常会小心翼翼地自爱自重，而不轻易吐露自己的心声——不会因一时的热情而放弃对自己的严格要求。

池莉今年30岁，前段时间，她还在忙着结婚的事，这几天，她突然做出了一个让朋友惊讶的决定：要与男朋友分手。

朋友有些不解："这个决定太突然，到底发生了什么？"

池莉哭得非常伤心，看得出来，她有些痛苦与无助。

后来，她告诉朋友："只怪我当初太过主动，现在看来，我只不过是他买回来的一个花瓶，永远也成不了他的珍藏品。"

池莉的男朋友是自己的同事，他们在一个办公室工作，日久生情。于是，池莉展开了疯狂的攻势，并且为他放弃了几个追求自己的人。很快，二人就建立了恋爱关系。

但是在一年的同居生活中，对方数次出轨，每次她都原谅了他。他也写过保证书，但还是会一次次践踏她的底线。最终，她在准备结婚的前几天做出了分手的决定。

传统的观念认为，在恋爱时女性就应该保持矜持，这虽然并不太符合现在年轻人的恋爱观，但也有它的道理。特别是在男女交往的过程中，女性不要过于表达自己，也不要急于向男人表白，在感情世界里适当有所保留，这既是对自己的一种保护，也是对恋爱尺度的一种把握，更是体现了一种修养。

在网络情感漫天飞的当代社会，矜持不仅是一种涵养、一种气质，更是道德素质的表现。矜持的女人，往往不会轻易在物欲横流的世界迷失自己，她们出淤泥而不染，濯清涟而不妖，如莲花般的高洁。她们本身就是一幅动静相宜的绝美的风景画。

胡丽丽是一个大大咧咧的女孩儿。有一次，朋友给她介绍了一个男朋友。第一次见面，她觉得对方长得不够帅，就没有表示出要继续交往的意向。但是，男孩子想继续与她相处，平时，有事没事会来她的住处看她，并且每次都会买不少好吃的。

她吃不了，就分给公司宿舍的朋友。有人建议她："如果你不喜欢对方，以后就别让对方破费了。"

她说："他非要买，我也管不着。"她一边接受着男孩的礼物，一边对室友说，自己不喜欢他。

有一天，她接到一个电话，是那个男孩打来的，问："你在不在宿舍？我打算过去看你。"

结果，她的回答让宿舍的朋友大跌眼镜："你什么时候过来啊？过来记得给我带几个炸鸡翅，要麻辣的，对了，再买……"

挂掉电话后，旁边的人说："你既然不打算和人家处对象，为什么主动让人家买东西？"

她说："不吃白不吃。"

两个月后，胡丽丽正式拒绝了男孩。但是，男孩有些想不通，说："你在接受我的礼物时，一点也不矜持，我还以为你对我有好感，你这不是玩弄我吗？"结果，两个人狠狠吵了一架，不欢而散。

在这个故事中，胡丽丽对男孩子没有好感，但是，还是很大方地接受对方的礼物，不但给了对方一种错觉，而且也影响了自己作为女孩子的形象。即使有意与对方继续交往，在接受对方的礼物时，也要表现出适度的矜持，这体现的不只是一种态度，也是一种品味，一种内涵。

一个有修养的女人，她的生活字典里是少不了"矜持"这两个字的。在现实生活中，矜持有度的女人懂得如何珍爱自己，不论何时，她都懂得如何借用自己的肢体语言将女人的韵味把握得恰如其分：兴奋时，她也会笑靥如花，尽显可爱本色，但绝不会狂笑；动情时，她懂得如何在娇嗔中掺入些许女人的矜持，她的眼神也会含情脉脉，却绝不狂野。当然，这种矜持之美不是装出来的，也不是轻易就可以学到的，而是需要时间积淀，需要用心修炼。所以，矜持有度的女人也更容易得到男人的尊重、珍惜。

爱自己的最好方式就是学习

一个女人如果真的爱自己，不是赶快去买一件华丽的服饰，也不是购买一套昂贵的化妆品，而是要懂得学习。学习是一种自我帮助，一种自我提升。当一个女人满足于现状时，即使其容颜再美，也已经开始衰老了。对新时代的女性来说，满满的求知欲望才是生命的保鲜剂，也是女人爱自己的最好方式。

一个女人不学习，就如同清水挂面，能吃饱，但没有味道；一个女人不学习，就像一张白纸，正面看和背面看都一样；一个爱学习的女人，就如同一本好书，看了一页还想看下一页。女人的学习不是为了追求一纸证书，而是获得全方位的成长和幸福感。

建荣毕业于名校，在公司里又是出了名的大美女，可她却整天责怪自己命不好。她有位闺蜜，人看上去憨憨的，身材也有些发福，但是和老公生活得非常幸福。

有一次，她忍不住对闺蜜说："你的丈夫真好，结婚七八年了都没跟你吵过架。"两个人见面时，她会拉起闺蜜的手，来一句："一看你的手相就知道你命好！"闺蜜却说："你听谁说过谁仅凭手长得好看就可以不用劳动改变命运？"

建荣在职场上打拼了多个年头，一路走来，也吃了不少的苦头。她从小算是成绩比较好的，但是工作之后，她几乎没有参加过什么培训，看着别人忙着学这学那，她总是说："我忙得没有时间。"她相信命运，更相信学得好不如嫁得好。

但生活与工作中的一些坎坷让她逐渐看清：生活不得意的人，都在埋怨自己的命运，却从未有过学习的热情。闺蜜虽然学历低，但是人却十分好学，花三年的时间拿到了计算机、会计等证书，在职场中混得风生水起。想想自己，工作了六七年，工资只涨过两次，想跳槽，却发现自己没有任何优势，学过的知识在老化，新的技能又不愿意学，眼看30岁了，眼界与学识丝毫没有长进。

在现实中，很多女性的生活状态与建荣相差无几，她们不追求成功，不追求有所作为，只想拥有自己单纯美好的小幸福。但是，作为女性，你总该追求美吧，追求人生的质量吧？如果你没有一技之长，没有前进的动力，又不爱学习，即使长得闭月羞花，人生也会被早早定格。

对于一个女人来说，不断地学习，可以让自己变得更出类拔萃，可以改变你的形象与地位。这才是爱自己的方式。

有两名女大学生，20年前同时分配到一家单位。其中A的起点要比B高出不少，A喜欢聊天，一有时间就找人聊天。而B虽然起点不高，但勤奋努力，一直坚持不断地学习，坚持每周至少读一本新书，就这么坚持了20年。这么算下来，B比A多读了1000多本书！这1000多本书，给她带来了丰厚的收获！而且，在工作上，A习惯将就，业余时间就是闲聊应酬；而B总是精益求精，且不断向身边的人学习。20年过去，A还是一个普通的职员，曾经娇好的容颜也因为内心的荒芜而苍白，谈吐、容貌，甚至穿着都开始流俗，再也找不到曾经光鲜的模样。而B却成长为业务骨干，在20年里，她不断学习，变得优秀而富有内涵，曾经普通的容颜，也因20年的修养，开始焕发出智慧女性的自信、优雅和从容。

事实也是如此，学习不但可以改变我们的内心，提升我们的技能，而且还可以修饰我们的容颜。正如罗曼·罗兰所说："中年人之所以被时代淘汰的原因，不是他们老了，而是他们失去了学习的热情。"

蔡芳曾经是一家国企的中层干部，42岁时辞职下海，办了一家外贸公司，后来又和朋友共同创办了软件公司，现在60多岁的她，不但能亲自做业务拿订单，而且还承担着软件的英文翻译工作。身边的人都很惊讶她的转变能力，她说："我的秘诀就是不断地学习。"

年轻的时候，别人都是一有时间就聚在一起打扑克，蔡芳却一人在办公室思考一些技术难题，工作之余，她自学英语、外贸等课程。没想到，后来英语竟成了她做生意的工具。只懂英语还不行，她又学习了管理、计算机软件等方面的知识。连她自己都想不到，原来人的潜能很大，年近六旬还可以保持这样的活力。很多人向她取经："你精力真是充沛，头脑比年轻人还灵活，是怎么做到的？"

她总是笑着给大家建议道："一定要不断学习，学习让人年轻。"

学习不但能增长我们的智慧，让我们有能力去面对新的局面与问题，还会让我们看上去有精神，显年轻，有活力。所以，一个女人爱自己的最好方式就是不断去学习。

阅读才是永不过时的美丽

有句话，叫“腹有诗书气自华”，说的是，一个人饱读诗书，学有所成，气质才华自然横溢。也就是说，一个人的气质里藏着他读过的书，走过的路。的确，读书能培养人的睿智，能积累知识，增长见识，提升自身的素质和内涵。

作为新时代的女性，更应该通过多读书来培养自己的气质。女作家三毛曾说过：“读书多了，容颜自然改变，许多时候，自己可能以为许多看过的书籍都成过眼烟云，不复记忆，其实它们仍是潜在的。在气质里、在谈吐上、在胸襟的无涯，当然，也可能显露在生活和文字中。”

读书和健身有相似之处，刚开始的时候，你感觉不到健身的人与不健身的人的差异，但是半年、一年、两年之后，差别就显现出来了。读书同样如此，长期读书与从不读书的人，也有着天壤之别。

小贾出身于书香世家，从小在当教师的父母的熏陶下，读遍了中外名著。她虽然长得不是很漂亮，但她的气质却非常出众，那是一股浓浓的书卷味，清新而脱俗，格外引人注目。

小贾爱书如命，上大学时当别人泡在网吧里，她却是图书馆里的常客，在文字的海洋里畅游，对她来说是一种无比的享受。爱读书的人，也总喜欢写点东西。她经常写一些心灵感悟和随笔散文，并投寄出去，偶尔也能发表在一些刊物上，还能收到一份额外的惊喜。

虽然这些都是她的兴趣和爱好，但是在她毕业的时候，这些兴趣和爱好给她带来了机会。在毕业前夕，许多同学都因找不到合适的工作而苦恼，小贾却因自己出色的文笔，以及曾经发表过的作品而被一家出版社看中，经过面试和笔试，她顺利地被录用了。

这是一份她非常喜欢的工作，在欣喜之余，她也有些感慨：阅读无形中增加了自己的优势，真是非常欣慰自己有这样的情趣和爱好。

小贾并没有出众的相貌，但她走在花团锦簇、浓妆艳抹的女人中间却与众不同，是气质，是修养，是浑身流溢的书卷味使她显得与众不同。

虽然书不是护肤品、化妆品，但是却能让女人心颜常驻；不读书的女人，无论小时候再怎么冰雪聪明，长大后也只能成为一个平凡的人。而爱读书的女人却能洋溢着智慧的芬芳。

刘娟不但长得漂亮，而且浑身还散发出一股书卷气，给人一种“腹有诗书气自华”的气质。与她说话，会让人神清气爽，俗气全无；与她交往，让人了无城府，阳光灿烂。

在生活中，刘娟一有时间就阅读，她读过许多名著，以及其他优秀的作品。阅读不但开阔了她的眼界，还让她变得聪慧，变得成熟。她最欣赏的一句话就是罗曼·罗兰的“和书籍生活在一起，永远不会叹息”。

在工作中，她总是能得心应手。平时遇到什么难题，她都会通过阅读去寻求解决的方法，这让她看问题变得非常理性，做什么事都很从容——因为书给了她底气。

在为人处世的过程中，她温文娴雅、善解人意，人缘儿极其好。

她貌美且爱读书，这让她无论走到那里，都是一道美丽的风景。

爱阅读的女人，心中有一盏明灯，守得住心灵这个宁静的港湾，始终视书籍为自己的精神伴侣。即使遇到各类困难，也能理性面对和解决。

在生活中，很多女性不能静下心来阅读，闲暇时间，不是看电影、逛街购物，就是上美容院、打扑克、搓麻将、闲聊……她们认为，这是女人应该享有的“福利”。殊不知，如果一个女人不爱阅读，那么她的眼界就不可能开阔，所学的知识也会有限，迟早会被这时代所抛弃。一个女人再漂亮，容颜也会变老，唯有阅读才是永不过时的美丽——它可以丰富自己的知识，洗涤自己的灵魂，让自己变得更加美丽，更具风韵。

05

第五章

忠于职守，成为时代的主人

新时代的人才，必须德才兼备。作为女性，无论从事何种工作、何种职业，不管是公司的高级管理人员，还是普通员工，都须忠于职守，表现出较高的道德水准与综合素养。只有这样的职业女性，才能提升自己的竞争力，才能让自己成为时代的主人。

让形象走在能力的前面

一个员工的穿着打扮，以及言行举止，不只体现了个人素养，也反映了公司的形象。敬业爱岗，忠于公司的员工，其着装、言谈、举止等都能体现出其非常职业、专业的一面。这很容易让人联想到其所供职的公司的良好形象。

现在越来越多的女性走入职场，在不同的舞台上与男性同场竞争。女性要提升自己的竞争力，首先不能输在形象上。塑造良好的职业形象，不只是为了外在美，也是一种对他人的尊重，对职业的忠诚。试想，一个不注重自己职业形象的女性，又怎么能成为职场中丽人呢？

一次，公司派项目负责人王娇与客户谈一个资金为50万元的项目。一向只看内在，不注重外表的她，穿着一身运动装就去谈判了，结果，客户不仅没有签订单，还讽刺王娇“不够专业”。

事后，王娇说：“这么多年，第一次遇到这种有眼无珠的客户！”

经理说：“如果我是客户，我看到你穿这一身衣服去，我也不会给你单子，你这一身装扮，哪里是像在谈合作！”

一个人爱自己的工作，忠于自己的职业，就会很在乎自己的个人形象。如果你觉得这也“无所谓”，那也“无所谓”，说明这份工作在你心中缺少分量。让形象走在能力的前面，至少会让人觉得，你看上去是职业的，精神面貌与这份工作是相匹配的。

人与人之间的竞争不能只停留在学历与能力上，要想在职场上成为魅力达人，获到上司青睐，受到同事欢迎，就必须懂得提升自己的魅力，提升个人的职业形象。

一年前，学中文的马晓萌经过层层面试，终于进入一家公司做文员。其实，能顺利进入这家单位，除了具有过硬的硬件指标(上学期间发表过多篇文章，文笔好；面试问题回答严谨，思辨能力好)，她谦虚的态度及良好的礼仪都为她加分不少，当然，那身精致的小西装及刻意修饰过的容貌也功不可没。

求职时，每个毕业生都知道形象分很重要，可是进入工作岗位后，有些人就开始忽视这些，马晓萌就属于这种。牛仔裤、T恤衫，再随便扎个马尾，这就是她的长期形象。

有一次，部门几个同事吃完中午饭后顺便去逛街，也邀请马晓萌一起去，在服装店里，当几个职场老江湖给她参谋如何买衣服时，她却莫名地产生了一种反感，甚至有些固执地认为年轻人就要时尚一点，不用刻意打扮。直到有一次，一位同事要带她去参加客户会谈，在临行前的一个晚上，这位同事打电话给她：“明天的会谈很重要，你待人接物方面我很放心，但要稍稍注意一下职业形象。”一句话让马晓萌突然明白：原来，自己的一言一行，一鞋一帽都代表着公司的形象。

在职场中，一个人的职业形象非常重要，它不但可以体现出企业的文化，也展示着一个人的精神风貌。良好的个人形象，容易使人产生认同感、信赖感。

不可否认，一个人的能力很重要，但也不能忽略了自身形象的包装，特别是在求职、会议、商务谈判等重要场合，形象好坏将决定你的成败。

范文文经营着一家广告公司。平时，遇到舌绽莲花的客户，她总显得底气不足，说话没有自信，表情也不自然。她也因此错失了好几笔订单。对此，范文文进行了深刻的反思：如果换作自己，我会把订单交给一个看上去不职业，语气不坚定，表达不自信的客户吗？当然不会！

于是，她开始着手提升个人的职业形象——从着装到言行举止，让自己看上去更干练、专业。经过一段时间的“修炼”，再次面对大客户时，她俨然换了一副形象：语言表达简练有力度，内容专业有说服力，行为举止优雅，精神饱满，着装讲究。她这种全新的职业形象，在客户的眼中就是她个人能力与公司实力的象征。在谈判过程中，客户都只想把价格压低一些，而从未怀疑过公司的实力。这也让她不费口舌就守住了价格底线，并在短时间内接连谈成了几笔大订单。

在越来越注重个人形象与个人IP的年代，一个女人性的形象，尤其在职场上的女性，不但会影响其职业生涯的发展前景，甚至会影响到其事业的成败。

即使在生活中，良好的个人形象对每个女性来说也非常重要。一个端庄大气、穿着讲究的女性，不但能展现出优雅、知性之美，而且也能体现出一种修养与智慧。

摒弃“打工”心态，树立主人翁意识

不论在哪个行业，成功女性的过人之处，往往不是出身、背景、财富等，而是对待工作的态度。纵观职场中的优秀女性，不难发现，她们鲜有当一天和尚撞一天钟，整天混日子的，她们都有强烈的主人翁意识，能把公司的事当成自己的事，以公司为荣，与公司共进退。

有些人可能会提出疑问：公司是老板的，又不是我的，我干一天活拿一天工资，凭什么要像主人一样傻傻地为公司“卖命”，那样累死累活，多不值当！于是，就抱着得过且过的心态来对待工作。

殊不知，当今的社会更加崇尚主人翁精神，它会让一个人充满激情，会把工作当成自己的事业来经营。一个把公司视为家，并尽职尽责完成工作的人，终将会拥有自己的事业。许多管理制度健全的公司，实行的是员工股东制。因为人们发现，当员工成为公司的主人时，他们表现得更加忠诚，更具创造力，也会更加努力工作。以主人翁的心态工作，不仅是为了公司的发展，也是为了我们自己的发展。

陈艳艳是一家大型公司的员工。最近公司开展了一项当“我来当老板”的活动。活动在每个月的特定时间会安排一位员工当一天老板，以此来激发员工的工作积极性。最近，陈艳艳就当了一次“老板”。对此，她感触很深，并决心在以后的工作中改掉不良的工作作风，像老板一样树立主人翁意识。

第一次轮到陈艳艳当“老板”的时候，她既兴奋又紧张。那天早晨，还没到上班时间，她便坐在总经理办公室。这里是她梦寐以求的地方，整个办公室宽敞明亮，遥望窗外，整个城市的美景尽收眼底。就在她沉浸于这种美妙的感觉中时，秘书送来了今天的工作日程，让她批示。当她看见那排得满满的日程时，脑子里一头雾水，不知道如何是好。

她还没有理清头绪，就快到开会时间了，她要做的事情真是太多了，必须在短时间内处理完紧急且重要的事情。匆匆吃过午饭，她放弃休息，抓紧时间看各种文件，整个中午忙得焦头烂额。下午更是忙得连喝水的时间都没有。在下午的会议中，员工争来争去，她都不知如何掌控局面，急得一个劲儿地说：“哎呀，求求你们别吵了。”好在有老板在一旁压阵，才避免陷入更尴尬的局面。通过体验老板一天的工作，陈艳艳对老板的不容易有了切身的体会。

在之后的工作中，陈艳艳完全像变了一个人似的，凡事以公司利益为上，急公司所急，想公司所想，并且她的业绩也越来越出色。半年后，公司提升她为某部门的经理。

在任何一家公司，要想有优异的表现，要想获得公司的信任与支持，首先要把自己当作主人。只有抱着主人翁的精神，才会时刻站在老板的角度来考虑问题，才会付出十二分的努力。如此，你想变得不优秀都很难。

有人会问：“我如何将公司的事当成自己的事啊，公司的大事小事，又不是我说了算？”

提出这样的问题，不代表你没有主人翁意识，只是你错误地将“做主人”理解为，一定要掌握权力，一定要有发言权。其实，对普通员工而言，会把公司的大小事当成自己的事，时时刻刻为公司谋福利，通过自己的努力让公司发展壮大，这就是对主人翁意识最好的诠释。

陈女士应聘到一家培训公司，当时公司没几个人，而且处于亏损状态。她想，我既然来到了公司，就要为公司服务，只要大家努力，就一定可以使公司从困境中解脱出来。这种强烈的责任感、归属感使她主动找到老总，两人通过商量，觉得首先应该改变经营方向。

因为培训公司的生命力在于，不断解决其培训对像提出的新需求。他们决定在原先单一的演讲培训课基础上，增加几个公司迫切需求的课题。结果新课题推出后，很受这几家公司欢迎，陈女士所在的培训公司也很快扭亏为盈，现在已发展到五十多人，在业内已小有名气，而陈女士也成了这家机构的管理者之一。

付出总有回报，即使自己是一名普通的员工，也应该摒弃打工心态，将公司的事当成自己的事来做，要知道大家同在一条船上，公司的生死存亡与每个人的利益息息相关。

在现实生活中，很多女性勤劳持家，尽心尽力只为了让家变得更好；而在公司却是另外一个样子，懒懒散散，应付了事，公司发展从不放在心上。为什么呢？因为她们认为，家是自己的，自己是主人，而公司是别人的。

事实上，这些想法不仅不利于公司的发展，也不利于自身的发展。因为抱着这样想法的女性，必定会在工作中斤斤计较，有时只求安逸，不求上进，这样很难为公司的发展做出贡献。而她们的不思进取，也会阻碍自身发展。只有把自己当成公司的主人，事事都以主人翁的心态去思考、行动，才能把工作做到最好，才能得到老板的赏识和重用，也只有这样，才能为自己谋得一个好的前程。

诚实守信，莫让人品打折扣

诚信是做人的准则，对每一个人都很重要。对于女人来说，诚信更是一种内在之美，彰显着她们的品质，不管她们是否拥有美丽的外表，但是拥有诚信肯定能让她们更有魅力。尤其在职场中，诚信既是一种良好的品质，又是一种宝贵的财富。

有一档电视栏目，曾做过一期节目，叫“还债的女人”。这个女人叫武秀君。她诚信、善良，而且非常坚强，她的事迹深深地感动了电视观众。

武秀君是一位农村妇女，小学文华。她的丈夫从事建筑行业，在一次车祸中身亡。武秀君在清理丈夫的遗物时，发现丈夫有280万元的巨额债务，而且外面也欠着丈夫的不少工程款。这时，还没有从失去丈夫的悲痛恢复过来的她，毅然做出为丈夫还债的决定。在之后的几年中，武秀君一边打工，一边讨别人的欠款，帮丈夫还了200多万元债务。

在常人的眼中，丈夫生前留下的债务有钱就还，没有钱就只能拖着，再说，别人还欠她丈夫许多钱。但武秀君却不这样认为，她说：“丈夫生前是一个诚信的人，不能因为他的去世，就让别人戳他的脊梁骨。”

社会就如同一条巨大的链条，每一个人都是这根链条上的一节，而诚信便是链条的润滑剂。没有了诚信，这根链条就会很快磨损、断脱。这就需要每个人自觉地努力维护属于自己的那一节链条。否则，整个社会就无法正常运转。

在某知名媒体一次关于“单位最忌讳员工哪一点”的访谈会上，许多老总都旗帜鲜明地把“忌讳没有诚信”排在了第一位，员工在诚信方面所犯的错误是他们最不能容忍的，诸如投机取巧、学历造假，等等，并直言：能力可以有大小，诚信却容不得打折扣。特别是在利益面前，如果始终能诚实守信，才是真正的大将风范，才更能赢得他人的信赖。

梁翠芝是一位优秀的女企业家。从创业之初到获得成功，她始终坚持“以诚为本，以质取胜”的经营宗旨。

1995年，梁翠芝的恒润食品冷藏厂开始投入生产。建厂初期，梁翠芝手中的唯一砝码就是诚信。1998年，莱阳市场上的速冻芋仔价格直线上升，每吨从原来的6000多元涨到了9000多元。此时，恒润食品冷藏厂的仓库里存放着供应日本客户的库存芋仔，许多客户得知后，主动上门高价求购。梁翠芝算了一笔账，如果按当时的市场价销售，除去补偿违约损失，还可以多赚200多万元。如果只为了利益，她可以选择违约，但是她没有这么做，为了公司的信誉，梁翠芝毅然坚持按原合同价格供给了日商。

不仅对外商如此诚实守信，对提供给公司原料的菜农，梁翠芝也是如此。2005年，莱阳市青刀豆价格一落千丈，每公斤不足五毛钱。“我们的合同价是每公斤3.2元，按照这个价格收购！”梁翠芝再次拍板。在利益面前，她首先想到的是菜农的利益。

诸如这样的事情，梁翠芝经历过不止一次。一旦与菜农签订了合同，市场价格跌了，按合同价执行；市场价格高了，按市场价执行。如此信守承诺，让许多受益的村民成了恒润公司的铁杆供货农户。

在今天，许多人会说，像梁翠芝这样做生意，那不是傻吗？其实不然，诚信经营，看似吃了眼前亏，却为公司带来了更大的机遇。也正是因为能始终坚守自己的承诺，让梁翠芝这个农家女，一跃成为远近闻名的农民女企业家。

在现实中，许多女性都缺少梁翠芝这样的雅量与气度，即使在一些小是小非面前，也经常会失信于人，这样的例子举不胜举。比如，自己是学财会的，在应聘的时候，非要说自己是学统计的，其实，你可以这样说："我虽然不是这个专业方向，但对此有兴趣，有热情，而且有信心在短时间内学好所需的知识。"这样说是在告诉对方，即使差一点，也可以通过学习提高，可一旦说了假话，那就会犯不可原谅的错误，这是品质问题，孰重孰轻，一目了然。

不可否认，现实中有一些人通过造假尝到了甜头。也正是有这种"李鬼"的存在，才让很多人不惜铤而走险，用信誉做赌注。特别是有了一定工作经验的职场人，不再像职场新人那样小心翼翼，自以为凭自己多年的"江湖经验"可以把谎话说得滴水不漏，却忘了"要想人不知，除非己莫为"。

在一家知名企业，曾发生过一件高管学历造假事件。有位女士利用假复旦双学士证书获得企业经理职位，月薪过万，用人单位在被蒙骗四年后发现了真相，后来与学校核对后，用人单位向法院起诉了该女士。法院判令双方签订的劳动合同无效，该女士归还部分多得的工资，并赔偿公司的经济损失。

在工作中，我们知识不足，学历不高，经验不够，这都可以通过学习来提升，而一旦不讲诚信，就会让人怀疑你的人品。所以，聪明的女人，是绝不会让自己犯这样低级且又得不偿失的错误。

一个不讲诚信的人，连做事最基本的素质都不具备，又怎么寄希望于公司给你机会呢？所以，任何时候，都不要用信誉作赌注，去谋得一时之利。在职场中，只有言而有信的女性，才能书写写意的人生。

忠诚岗位，开启上升的通道

进入新时代，女性的社会地位越来越高，在职场中的竞争力越来越强。一些职场调查报告显示：女性员工在企业任职的时间越长，对企业的雇主品牌评价越好。

在对未来职业规划做选择时，男性追求的往往是“成功”“事业”，而女性更多追求的是能力的提升和用人单位的认可。这也在客观上印证了一个事实：相较于男性，女性跳槽率低，忠诚度更高。这也是为什么一些优秀的企业在选人用人时更喜欢考虑女性员工的原因，因为她们的忠诚度更高。正如马云在一次演讲中所说：“在互联网时代，如果你想全面开展业务，人们从来不会让你出示文凭，他们也不关心你是男是女，他们在乎的是你的服务质量，如果你想做成一家优秀的企业，你至少应该雇用50%的女性，而一家顶级的公司应当女性比男性多，阿里巴巴有48%的员工是女性，38%的高管是女性，因为女性忠诚、勤勉，不像男人总考虑自己，女性还要关心丈夫、孩子、父母，还有工作，这就是21世纪我们需要的人才。”

作为女性，无论在企业中是以什么样的身份出现，都应该忠于职守，这既是我们的立身之本，也是良好职业素养的体现。

老板为了缓解财务压力，精简了机构与人员，不再为自己配专职秘书，取而代之的是，临时聘用了一位年轻女士做自己的私人助理。这位助理按劳取酬，只领取属于自己的那一份酬金。但可贵的是，她还经常为老板收发一些信件，处理一些老板手头上的问题。这样一来，她对公司的一些业务也了解了很多。

渐渐地，如果老板有事情脱不开身时，就让她代为处理。她经常在公司业务繁忙时，跟着大家加班加点，不计报酬地做一些并非自己分内的工作。她做事细心、有条理，即使是一些超越了自己工作范围的事，她也能做得很好。

一年后，公司的业务量明显增长，经营状况也大为改善。一天，老板要组建一个行政部门，该让谁做部门的负责人呢？老板想到的第一个人选就是她。之前，她做的一些事虽然比较杂，但是老板已从中看到了她的能力，以及对这份工作的责任心。更让老板赏识的是，在没有额外报酬承诺的情况下，她做了许多不在自己职责范围内的工作，而且把工作做得有声有色。

忠诚本身就是一种优势，是一种立身之本。在任何一家公司，被提拔的员工，首先都必须是忠诚的。一个员工能力再强，如果缺少忠诚，也难以成为公司的中坚力量。

当然，忠诚也是一种财富，忠诚可以展现出女性丰富的内涵。在工作中，对职业忠诚的女性不但能施展自己的才华，更能放飞自己的梦想，找到自己的精神家园，相较于自己的薪水，这更能赋予其生活的意义，更能体现工作的价值。

C女士最近很郁闷，她思前想后，就是不明白自己为什么无缘无故被老板炒了鱿鱼。

是自己的业务能力差吗？当然不是！

自己一直是业务能手，不但才华出众、业绩骄人，而且三个月前刚刚受到了公司的表彰。

是自己没有完成预期指标？肯定不是！

上周，她就完成了这个月的任务指标，她本来打算再接再厉，创造新的月度纪录。

那是自己没有处理好人际关系？当然不会！

她为人随和，人缘儿一向不错，很会处理人际关系，平时与同事的关系都比较融洽，对领导更是礼貌有加。

那究竟是为什么呢？

她百思不得其解。后来，她让和自己关系不错的D经理指点迷津，D经理说："你的人品、能力都没得说，依我看，这事儿准与你在外面兼职有关。要知道，我们的一些业务涉及商业机密，再说了，如果你是老板，你希望自己的员工干私活吗？在老板眼中，员工能力不高，可以培养，如果员工对公司不忠诚，那让你卷铺盖儿走人可就没有商量。"

D经理的一席话让C女士醍醐灌顶，她这才意识到，老板为何要"痛下杀手"，不惜丢掉一些订单，也要让她这个业务骨干走人。

在这个故事中，其实C女士对自己的公司很有信心，也很喜欢自己的工作，并且对自己的职业有远期规划，但让她没有想到的是，自己在外面兼职赚"外快"的事引起了老板的不满。站在C女士的角度看，她只是想利用业余时间多赚一些钱补贴家用，但是老板可不这么想，他会认为，这是一种不忠诚，甚至是出卖公司利益的行为。

忠诚于工作、忠诚于企业，是一种道德品质，是一种职业生存方式，也是优秀员工迈向卓越的必经之道。古今无数的事实证明，任用那些不忠诚的人无异于养虎遗患。现实中，缺少忠诚度的人难以为被委以重任，也难以树立起个人品牌，更难以找到上升的通道。

作为女性，要让自己有长远的职业规划，有更美好的职业前景，必须以忠诚为基石——老板需要忠诚的员工，企业需要忠诚的员工，而忠诚则是对一名员工最基本的要求。

热爱本职，带着感情去工作

“男耕女织”的时代早已过去，当今社会，男人要事业，女人也要事业，而且热爱工作的女人更加自信，更加妩媚动人。

有这样一句话：你怎么对待生活，生活就怎么对待你。同样，你怎么对待工作，工作就怎么对待你。工作不分高低贵贱，真正带着感情去工作，才有助于实现个人价值和社会价值。

郝娟在一家企业做销售，每天上班提不起一点精神，就盼着发工资的日子。夏天天热的时候，她很少出去见客户，说怕太阳晒伤皮肤；冬天天冷的时候，就想赖在床上，发朋友圈说“床不愿意放开她，不让她上班”，所以经常迟到。

后来，公司实行了严格的打卡制度，平均下来，她每个月至少要迟到5次，这样，她不但要被扣掉几百元钱，还拿不到全勤奖，损失有点儿大。

她和朋友抱怨说：“公司考勤统计人员太不近人情，每天不就迟到半小时吗？再说了，就是准点到公司，也会花半小时喝杯咖啡，吃点早餐呀！”

朋友说：“你早半小时起床就可以避免被扣工资。”

她有些惊讶地瞪着朋友，一本正经地说：“我也不想迟到，但就是起不来！”

她表示还是喜欢以前上班不打卡的日子。

职场如战场，而不是菜市场，没有所谓的讨价还价，一个员工缺少工作激情，还不喜欢从自身找原因，那这样的人在企业中的价值何在呢？

有些人入职三年，却连升三级，成为公司的中层甚至高层管理人员，抛开个人能力，他们一定是发自内心地喜欢这份工作，并把工作做得越来越出色。有些人入职10年，还在原地滞留，不能说他们不努力，而是缺少工作热情，只把工作当作一个糊口的饭碗。有些人入职一个月，就面临被辞退的危险，为什么？能力不够，还不热爱这份工作。

正如一位名人所言：“有两种人注定一事无成，一种是除非别人要他去做，否则绝不会主动做事的人；另外一种则是即使别人要他做，他也做不好事情的人。那些不需要别人催促，就会主动去做应该做的事，而且不会半途而废，他们往往能够取得成功，这种人懂得要求自己多努力一点多付出一点，而且比别人预期的还要多。”

许多时候，人与人之间的能力差别没有想象的那么大，造成其处于不同层次的，是对工作的热情。一个热爱本职的人，他从不会等着别人发号施令，要求自己做什么，才会动手去做什么，而是会主动“找事”做，并把事情做对、做好。在新时代，这样的员工才更受领导器重。

钟女士是一家公司总经理的秘书，因为总经理对工作要求非常严格，所以，她在不知不觉中养成了做事周密细致的习惯。

有一次，钟女士陪同总经理去谈生意，起程之前，她请示总经理，要不要把合同带上，总经理说："只是初次见面，离签合同还早着呢。干脆就别带了。"

钟女士一想也对，但就在刚要锁办公室的门时，她迟疑了一下："还是带上比较保险。"于是，她将事先准备好的合同和所有可能用到的资料装进了文件夹。

席间，客户问了许多问题，甚至细到了打款事宜，可以看出来，对方诚意满满。这时，总经理心想："情况比预想中要好很多，如果带了合同，当场就能签啊。"

看穿了总经理心思的钟女士，借机试探着询问总经理："资料我带来了，要不要让客户看一下？"

"好，好。"

这时，钟女士微笑着从包里取出文件资料，总经理把它交到客户手里，让对方更详细地了解公司产品。客户看过后，一个劲儿地点头。

这时，钟女士又不失时机追问一句："刘董，如果您对我们公司的一切都还满意的话，今天我们就可以签订合同，这样您还可以享受我们最后一天的优惠价格，而且像您这样的客户我们一定也会让您享受高品质的售后服务。"

经过一番言语交锋，客户当场同意签订合同。这时钟女士从文件夹中把合同书拿出来端放在客户面前，客户大笔一挥签下了两份合同书。

事后，总经理开玩笑地说："小钟啊，你现在连我都敢骗啦。不过骗得好啊，要不是你啊，恐怕要错过一大单生意，以后，你要多提醒我……从下个月起，工资再给你升一级。”

一名优秀的员工应该做到想领导所想，主动、积极地做好自己的工作，不要一味地等待上级的安排。如果有些事，领导遗忘了，或是考虑不周全，要主动为领导分担；有些属于自己的职责范畴的工作，更要花心思做好。你表现得优秀了，任务完成得圆满，不但领导省心，而且也能赢得他的赏识与信任。

这个时代给予女人与男人一样的平台，每一位女性应在做好本职工作的前提下，抱有远大的理想和目标，把工作的每一天都看成是实现人生目标的每一步台阶，在工作中朝气蓬勃，踏实肯干，全身心投入，这样的女性，一定可以像男人一样成就一番事业。

坚守职责，在平凡中绽放光芒

有一家媒体曾报道过这样一件事：

武汉市鄱阳街的景明大楼是一座6层楼房，建于1917年。1997年的一天，一份函件远隔重洋从英国寄到这里，函件内容为：景明大楼为本事务所1917年设计，设计年限为80年，现已到期，如再使用为超期服役，敬请业主注意。

时隔80年，不要说设计者，恐怕当时的施工人员应该都不在世了，竟然还有人一直惦记着这事，还在守护着一份责任、一份承诺。

不论过去，还是现在，坚守职责都是一种让人称道的职业素养。责任是一种意识、一种精神、一种态度、一种超越能力的素质。而且许多时候，责任要远比能力更重要。能力可以让我们胜任工作，而责任却可以让我们更出色地完成工作。一个人有无责任心，将决定其生活、家庭、工作、学习的成与败。

在今天各行各业平凡的岗位上，随处可见坚守职责，尽心尽力的女性工作者，她们不但创造出了优异的业绩，也充分体现了自身的价值。2020年春，为了抗击突如其来的新冠肺炎疫情，无数女性医护工作者身先士卒，坚守抗疫一线，在她们身上，体现了新时代医务工作者的责任感与职业精神。

赵S是某省第二批支援湖北医疗队的医生，主要负责重症病房查房工作。在工作期间，她尽心尽责，时刻关注着病房中每位患者体征的细微变化。有一次，她发现一位80岁的新冠肺炎患者情绪有些低落，便反复询问老人的病情，老人只是说，自己身体有些乏力，并无大碍。

经过观察，赵S判断老人表现出的体征只是冰山一角。经过进一步诊断，老人只是有些腹胀，但符合“急腹病”的一些特征，所以需要马上进行CT检查，以确诊是不是有肠梗阻或是肠穿孔等危及生命的病症。

就在老人刚刚做完CT，回到病房，病情突然恶化，身体各项指标也出现异常。经过及时治疗与精心护理，老人很快摆脱了生命危险。

类似像这样的事情，赵S经历过好几次。经过她与同事们的共同努力，她们负责的病房中的多数重症患者都转为轻症，而且有不少人提前出院。

在抗击疫情的第一线，风险无处不在，但是赵S和同事们不畏风险，坚守第一线，恪尽职守，不讲条件，在平凡的岗位中展示了新时代医务工作者责任感和奉献精神，她们不愧为新时代的楷模。

不论在哪个行业，优秀的人都会恪尽职守，他们在工作中不讲任何条件，照样把工作做得扎实细致。因为他们都明白，责任是一种与生俱来的使命，它伴随着每个生命的始终，责任不仅仅是一种品德，更是一种能力的体现。

李秀丽师范毕业后，如愿做了一名小学教师。工作了一段时间后，她觉得自己大材小用，心想："教小学生，比想象的要简单多了。"于是，她开始懒得备课，讲课也是敷衍了事，也很少去听其他老师的课，根本不参加同事之间的教学交流会，可谓是"最自由的教师"了。

一个学期下来，李秀丽带的班考试成绩倒数第一。她并不觉得这是自己的问题，而是把它归结为"学生素质低、基础差"。校长找她谈话，她说："苗儿不好，怎么会有好收成？"

之后的一段时间，她过得很不开心。

有一天，李秀丽遇到了自己的一位大学好友，并向她诉说了自己的"不幸"，本以为好友会宽慰她几句，没想到对方听她说完，回了一句："你怎么没有从自身找原因呢？"

这话让她有些不舒服，她反驳道："我不觉得自己做错了什么。"

"但是，我听到的全都是你把错误和责任都归结在他人身上。"好友说："把差等学生教成学习成绩好的学生，是你的职责，你不要先历数你的付出，我还是建议你多想想作为一名教师应担负的职责。"

那一天夜里，李秀丽辗转反侧，思考了好多问题，对"教书育人"这个教师主要职责有了新的认识。

从那之后，她从"最自由的教师"变为"最自律的教师"：不但改变了教学态度，开始认真备课，而且经常向优秀的教师请教，并积极参加一些教学交流会。付出就有回报，那个学期，她带的班的成绩位列全校第一。从此，不但学生喜欢她，家长敬重她，而且她还经常受到学校的表彰。

一个人只有勇于承担责任，才会被赋予更多的使命，才有资格获得更大的荣誉。你的职位可以平凡，薪水可以微薄，但这不是你不尽职尽责的借口。任何时候，只要我们决定做一件事情，就必须要担负起肩上的责任。一个缺乏责任感的员工，将失去别人对自己的信任与尊重。

无论在哪个行业，无论从事什么职业，作为女性，要学会以平和的心态看待自己的能力、职位和收获，真正把自己的工作当成是一种境界、一种品格去追求。认真负责，才能让自己的能力得到延伸和发展，才能无愧于心，无愧于我们的职业。

高标准、高质量完成本职工作

身为职业女性，很多人都有这样的困惑：工作很卖力，收入很普通，看不到晋升的机会，甚至整个人都不够自信，成绩与“优秀”更是沾不上边儿。

这时，你要问自己一个问题：我真的尽力了吗？

很多人感觉工作对自己来说是一种负担，为了生活而工作。持有这样消极心态的人，在工作中，能应付就应付，能交差就行，从不愿意多花时间把事情做到高标准、高质量。

平时，普通人只投入25%的精力和能力在工作上，如果你愿意在工作上投入50%以上的精力与能力，只能算得上是称职的，如果你能够做到100%投入工作，就会变得出类拔萃了。

由此可见，薪水要让自己满意，成果要让他人满意，首先必须要高标准、严要求，尽全力做好本职工作。如果一个人认识不到这一点，那他就无法提升自己的工作绩效，也无法从工作中获得乐趣。

刘芳是一家建筑公司的设计师，因为工作需要，经常要到工地上去，一忙就是一整天，有时还要加班加点修改设计方案。但是，她毫无怨言，每每看到自己的工作成果，她觉得再累也值得。

在设计部门，只有她一位女性，但她从不因此逃避重体力的工作。该到野外，她就勇往直前；该爬楼梯，即使是三十多层的高楼她也毫不含糊；该去地下车库，她也从来不说二话。刘芳从不感到委屈，反而非常自豪。

有一次，领导安排刘芳为客户做一个可行性的设计方案，时间只有三天。接到任务后，她第一时间前往现场，回来之后，就开始加班加点地工作。每天，她都保持着旺盛的精力，不是查资料、画图、做计算，就是向他人请教，即使吃饭睡觉也在想“如何进一步优化方案”。

三天后，她带着满眼的血丝把设计方案交给了领导，领导看过后非常满意。因为能力过人，业绩出色，刘芳很快被提升为设计部经理。

有一次，领导告诉她：“我知道那次设计给你的时间很紧张，但我们必须尽快把设计方案做出来。如果当初你推掉这个工作，我真不知该找谁去。真是感谢你为公司做出的努力，我非常欣赏你的工作态度！”

在与男性的同场竞技中，只有那些精益求精，不满足现状，不断追求卓越的女性，才会获得长久的进步，并让别人看到自己的价值。在如今的职场，有才华的人很多，而真正缺的是能严格要求自己，凡事做到最好的人，这样的人，走到哪里都“吃香”。

无论做什么事，都尽自己最大努力，始终做到高标准、严要求，如此一来，就没有什么事情做不好。优质高效地完成工作，并在工作中不断地提升自己、越超自己，这是当代女性应具备的一种职业素养。

刚入职时，婷婷只是一名勤杂工，本职工作是打扫卫生、清理垃圾、递交文件，等等。工作琐碎而辛苦，但是婷婷做事井井有条，忙而不乱，即使有人对她的工作提出批评，她也会坦然接受，并不断改进自己的工作方式。

每天早晨，不管晴天还是雨天，她骑着自行车准时从家里出发。这一干，就是五年，她从没迟到或早退过一次。有时候，她会主动放弃周末的休息时间，跟着同事们一起加班，却从未主动申请过加班费。自从她来到公司，几间偌大的办公室的地面再也看不到一片纸屑、一个烟头，就连水龙头都没出现过滴水的问题。她视企业为家，做事尽心尽责，赢得了所有同事的尊重。因为工作努力，乐于助人，每年的年终会议上，她都会被评选为优秀员工。

任何一名员工，只要以高标准、高质量的要求来规范自己，以主人翁的精神来对待工作，愿意为企业的利益着想，哪怕是一件再简单的工作，也能做得不简单。记住，完成工作只算本分，做到一百分，才是本事。

任何人只要努力、用心去做，本职工作中的事情都可以做得更好。怕的是，在对待工作时，总是抱持“合格就行了”的态度，不愿意多花一点心思去想，如何才能将这件事做得更好、更到位。在同一个岗位中，大家的能力相差无几，有些人之所以优秀，之所以闪光，是因为他们比别人更尽力。

女性们要记住，只有你足够认真和努力，任何时候都不要怕“我的努力别人看不见”，如果你能持续地、高效地解决问题，把该做的工作做到位，做得有声有色，那你就是不可替代的人。

06

第六章

工于匠心，提升自己的专业素养

新时代，来自不同行业、不同岗位的女性，用她们自身的专业精神书写了一张五彩斑斓的奋斗画卷，谱写了一曲振奋人心的匠人之歌——敬业、精益、专注、创新。

工匠之心，在于专注

有这样一个简短的小故事：

有两根长短、粗细一样的竹子，一根做成竹笛，另一根做成晾衣竿。一天，晾衣竿不服气地问竹笛：“我们都是同一片山上的竹子，凭什么我整天风吹日晒，不值一文，你却价值不菲呢？”

竹笛说：“因为你只是挨了一刀而已，而我却经历了精打细磨。”

这里的“精打细磨”，体现的就是“匠心”。没有坚如磐石般的意志，没有攻坚克难的新思路、新方法，没有实绩证明自己的价值与实力，“匠心”就无从谈起。“匠心”既是一种情怀，又是一种态度，更是一份责任。

在具有匠心的人看来，工作是一种修行，产品是一种修炼，不急不躁，专注细致，精益求精，才能展现个人良好的专业素养。

方晓敏去年大学毕业，就职于一家互联网公司，是一位软件测试工程师。工作一年了，谈及对工作的感受，就是一个字“忙”，每天吃饭和休息时间，脑子里都在想工作上的事情。

刚来公司时，由于经验不足，她的压力很大，因此经常失眠。为了尽快跟上同事的节奏，在努力学习新的编程语言的同时，她专注于做好软件测试，并不断尝试新方法。半年下来，她一点儿也不逊色于那些老员工。由于她对一些BUG研究得比较透，有时技术讨论会上。部门经理还特意让她为大家讲解一些案例。

后来，开发部门缺人，有人建议她去那个部门，她拒绝了，她说：“我就想潜心做一位优秀的测试工程师。只有做到专而精，才能体现自身的优势与价值。”

什么都懂，什么都做不精，只是泛泛地会一些，正所谓“说行却不行，说不行也行”，这是许多人的通病。归根结底，是因为这些人在自己的专业方向上缺少专注与深耕。

要工于匠心，必然离不开两个核心要素：专注、坚持。或许有人会问，工于匠心就是慢工出细活，多花些时间就是了。成就匠心，固然需要时间的积累，但是更需要精神的沉淀。那些卓越的艺术家、科学家和技术大师，无不是积淀多年、苦心孤诣才获得成就的。

当然，我们不一定都要成为大师、大家，但是，认真终归不会输，尤其对女性来说，如果说青春是亮色，那专注就是底色。我们的人生能过成怎样，许多时候确实需要一门“手艺”去打磨。

新的时代，要工于匠心，除了要埋头苦干、勤勤恳恳，还需要有较强的专业能力，开阔的视野，以及远大的职业抱负。

郝海花，1971年出生，是晋东公司冲压器材厂的一名工艺技术员，在工艺技术岗位上干了二十多年。她性格爽朗、健谈，为人低调、务实，工作严谨，有激情。

在工作中，郝海花主要负责特种弹药等产品的冲压、表面处理、质量管理等工作。在产品生产过程中，由于原材料、模具等原因，经常会出现各种各样的问题。为了保证产品的合格率，她尽心尽责，努力将控制关口前移，有效地提升了产品的质量。

有一年夏天，某壳体在生产过程中偶尔会出现掉底、静压试验不稳定等问题。为了发现问题所在，郝海花顶着高温，爬进半密封的设备观察罩认真观察加工参数及状况，不一会儿，浑身就湿透了，即使如此，她依然坚持了两个小时（一个加工周期）才肯出来。

之后，经过反复计算、试验，查阅资料，请教老师傅，郝海花终于找到了问题所在，并采取了改进措施，从而提升了产品的质量。

还有一次，她注意到某型垫片的生产效率低、成本高。在分厂领导的支持下，她果断进行了工艺改进，后经过连续生产验证，加工的产品质量一致性好，生产效率提高了80%以上，而且节约了大量原材料和人工成本。

周末、节假日是大多数家庭休息团聚的日子，郝海花却常常坚守生产一线，解决处理生产技术难题。功夫不负有心人，在她的不懈努力下，她主管的产品零部件均按计划顺利交验。在工作中，她始终兢兢业业、默默无闻、甘于奉献、低调实干。

在生产一线，郝海花通过解决技术质量问题，体现着新时代知识女性的价值。她扎根基层辛勤耕耘二十多年，长期默默无闻甘当沃土，集细心、创心、匠心于一体，用辛勤与汗水谱写着一名基层工艺技术人员对“匠心”的生动诠释。

如今，越来越多像郝海花这样的职业女性开始在各个舞台上展露自己的才华，她们看似平凡，却有着较强的职业素养与专业能力，在职场上叱咤风云，甚至是某一领域的带头人。

培养工匠精神，迸发极致之美

2016年，我国的《政府工作报告》首次明确提出了“工匠精神”：鼓励企业开展个性化定制、柔性化生产，培育精益求精的工匠精神，增品种、提品质、创品牌。十九大报告中也提到了“工匠精神”：建设知识型、技能型、创新型劳动者大军，弘扬劳模精神和工匠精神，营造劳动光荣的社会风尚和精益求精的敬业风气。

工匠精神，是一种创造精神，一种钻研精神，它代表着精益求精、坚定执着、踏实认真、一丝不苟、专业专注等优秀品质。做工匠不一定要成为企业家，但成功的企业家身上一定有工匠精神。

所谓“工匠”，即有手艺专长的匠人，也是我们俗称的“大师傅”“技术员”。具体来说，就是指专注于某一领域，并针对这一领域的产品研发或加工过程全身心投入，一丝不苟地完成整个工序的每一个环节的人。

工匠精神，是对自己的服务或产品做到精益求精，不断追求完美与极致的敬业精神。其内涵就是精益求精、注重细节、严谨专注、精致专一。

珠海格力电器股份有限公司董事长董明珠不但要求格力践行“自主创新”的理念，而且还要求公司研发人员须“恪守工匠精神来研发产品”。这也是“让世界爱上中国造”的一个重要原因。

谈到“工匠精神”，董明珠有着自己的理解，她说：“大部分人认为工匠精神就是把一个产品做成极致，这确实是工匠精神，但怎样把产品做到极致？更重要的是心态——你的心中具有工匠精神，你的产品就一定能做成功。”

格力立志用工匠精神打造每一款产品，将企业文化融入产品，让别人无法模仿，真正做到独一无二。用董明珠的话说就是“让消费者一看就能认出是格力的”。

正因为企业非常注重工匠精神，所以，董明珠对企业的未来非常有信心：“格力从空调转型到智能装备，仅仅三年时间，产品已经覆盖到生活电器、手机、工业机器人、智能装备等多个领域。格力将会始终坚持专业化的管理、专业化的研发、专业化的生产，格力在每一个领域都要像格力空调一样——不仅做到中国第一，更要朝着世界级的目标努力。”

在平时，不论她对格力的品牌建设，还是产品研发、生产提出的新的要求，都彰显了一种霸气的“工匠精神”，这种精神也一直是她坚持的做人做事信条。

格力的品牌之所以能得到广大消费者的认可，与董明珠专业化的理念与争做第一的工匠精神不无关系。一个人，一个企业，拥有了工匠精神的支撑，才能走得更远，名声才能叫得更响，就如董明珠所说：“不断去探索，不断去创新，不断地向消费者提供严谨优质的产品，‘工匠精神’必将引领中国制造升级。”

要想成为真正的“工匠”，必须要不断雕琢自己的产品，不断改善自己的工艺——对品质的追求，只有进行时，没有完成时。我们只有不惜花费大量的时间和精力，反复改进产品，努力把产品的品质从99%，提升到99.9%，再提升到99.99%。因为对“工匠”来说，产品的品质只有更好，没有最好。

在现实中，让我们感受最深的就是，追求极致、精益求精，是获得各类“工匠”荣誉称号的工人的共同特点，这也是他们能够身怀绝技，成为行业翘楚的重要原因。

2017年4月，在中国中车开展的“高铁工匠”评选活动中，张素丽等58人被授予“高铁工匠”荣誉称号。

张素丽是中车洛阳机车有限公司的一名高级技师。1992年，她从技校毕业后便进入公司，这么多年来，一直默默地奉献，始终如一地追求职业技能的极致化，凭借着专注与坚守践行了中国高铁时代追求精湛技术与勇气创新的“工匠精神”。

在这份沉甸甸的荣誉面前，张素丽表现得很淡定。她说：“我是代表中国中车女工们领的奖，荣誉是大家的。我是中国中车的一名普通员工，是中国中车为我搭建了成长的平台、展示的舞台、成功的奖台，我要感谢中国中车，还要感谢帮助过自己的领导和同事们。”她每到一个地方，都是身着工装，非常自豪地告诉大家“我是中车人”。她认为成绩已经是过去时，更多的是对自己的鞭策和激励，不断创造新业绩，无愧于“高铁工匠”的称号。

在许多人眼中，机车钳工是男人才能干的工作，但张素丽这个“女汉子”偏偏不信邪，用自己精湛的技艺征服了所有人——男人能干的活，女人照样能干，而且可以干得更好。在工作中，她带领团队攻坚克难，先后多次实现行业内“第一”，她因此被人称为“钳工界女掌门”。

张素丽是一个个性不服输的人，敢于较真，又心思细腻，她不怕难题，喜欢迎难而上。这就使她练就了一手过硬的本领。她的技术有多精湛？简单来说，她制作的工件可以精确到头发丝直径的1/4，她可以操作机器将重叠的两张A4纸只钻透上面一张，而下面一张没有丝毫破损；可以在新鲜鸡蛋上钻孔，外壳钻透而内膜不破。

多年来，她培养出了一批又一批新一代的技术能手，带领团队攻克了无数个技术难题。谈及自己的工作，她说："只要有对职业的爱心和恒心，在平凡的岗位上也一样可以迸发出极致的美。"

新时代，工匠精神被赋予了新的内涵，它不仅体现在对产品的精雕细琢、精益求精上，也代表了一种执着，一种境界。许多像张素丽这样的新时代女工匠，她们努力不是为了外在的评价与世俗的眼光，而是为了给自己的心一个交代，所以，即使面对这份至高的礼赞时，她们依然能保持匠人的那份沉静。

今天，我们都在追求更好的教育、更稳定的工作、更满意的收入、更可靠的社会保障……欲立足平凡的岗位，创造出不平凡的业绩。的确，这个时代从不缺乏对成功的渴望，缺乏的是一种"匠人精神"，只有将工作或一件事情、一门手艺当作信仰的追求，才能平抑浮躁之风，才能实现个人职业发展规划。

精通专业，做一名专家型员工

在工作中，没有谁是样样精通的，每个人都有自己的特长与专业，并在某些方面体现自己的优势，这些特长、优势就是竞争力。做一名专家型员工，就是让自己在某个领域做到又专又精，表现出超越他人的能力与过硬的专业素养。

随着竞争越来越激烈，专业分工越来越细，要想在职场中实现自身价值，一定要明确自己的专业方向，知道自己的优势在哪里，擅长什么。如果认为自己什么都能干，干什么都还凑合，没有过硬的专业本领与素养，那在工作中是很难建立起自己的优势。

有一位年轻女性，经常跳槽，每次给出的理由都是："我不喜欢目前的工作，工作没意思。"她先后做过文员、销售、客服、出纳，每份工作都只做一两个月，而且都做不好。她认为，销售就是卖东西，"没技术含量"；文员就是在公司打杂，帮领导跑跑腿，"没有前途"；做客服，就是回答客户的问题，"太闹心啦，我不干。"

她对每份职业的理解都很浅显，从没想着朝某个方向努力，发挥自己的特长，把工作做精做专。

在上面的案例中，这位年轻女性做什么工作都是蜻蜓点水一般，只是略知一二，简单的工作看不上，有些眼高手低，总是秉持这样的工作态度，又怎么能发挥出自己的所长，做好本职工作呢？

要想在工作中出类拔萃，或是做到无可替代，充分体现自己的特长与专业素养，一定要让自己成为专家型员工。做专家型员工，不仅要有过硬的技术，还要有孜孜不倦的进取精神，以及精益求精的工作态度。这样的员工，不论在哪里，不论做什么工作，都会成为职场“明星”。

汪敏是国网淮南供电公司的一位继电保护工，也是其所在的班组唯一工作在一线的80后女性。入职十几年以来，她潜心钻研，先后主持研发了多项实用新型专利、国家发明专利等，她用实际行动践行了新时代的工匠精神。

每天清晨，汪敏早早就来到公司，打扫卫生、整理资料、收拾装备，然后换上工作服，开始了一天的工作。刚来到继电保护班时，为了尽快熟悉工作，汪敏和其他男同事一样，从最基础的体力工作干起。她拿起电缆刀学着剥电缆；跳进电缆沟，背起电缆奋力前行；找来长撬棍，吃力地撬开电缆沟水泥盖板……

工作忙的时候，她经常加班加点，吃不上热饭，睡不好觉，累了就以天为被，饿了就吃几口自带的干粮。工作虽然辛苦，但是她从来没有怨言。有时候，身材娇小的她会主动请缨，钻进狭窄的电缆沟内铺设电缆，平均每天要为数百个保护端子进行接线，她的耐心和毅力让男同事也为之汗颜，一时间，“女汉子”的称呼在班组也传了开来。面对这样的调侃，她笑着说道：“我来到这里，就没有想着离开。继电保护女工确实少，可谁说女子不如男？”

继电保护是一个专业性很强的工种，需要具备过硬的业务知识和熟练的操作技能。有一次，公司要对变电站进行技术改造，这次改造既要保留原有技术、设备，又要运用新技术、新设备；既涉及继电保护，又涉及通信、远动等相邻专业，其复杂性、挑战性远超日常检修维护工作。

为了迎接这一次挑战，不服输的汪敏潜心学习，努力提升自身专业水平。她白天做好自己的本职工作，晚上挑灯夜读、钻研原理、绘制图纸。遇到实在搞不懂的难题，便向班组的技术能手求教。

千锤百炼终成金，凭借自己的执着与韧劲儿，汪敏逐渐成长为公司继电保护专业的技术尖子，先后成为安徽省电力公司继电保护专业首席技师与国家电网公司优秀专家人才。

如果说凭力气、凭身体，女性不如男性，但在如今的信息社会，论专业技术与素养，女性在各个方面都毫不逊色，甚至会做得更为出色，汪敏就是一个例子。可以说，汪敏是无数优秀职业女性的代表，她全身心地投入工作，并不断学习提升自己，练就了一身过硬的本领，既实现了自身的价值，也为公司、社会做出了应有的贡献。

赵晓萌是一家精密机械制造企业的技术工程师。10年前，她放弃了到外企做主管的机会，选择到一家名不见经传的机械公司工作。谈到自己当初的选择，她说："我认为自己生来就应该做技术，搞研发。"

在过去的10多年时间里，她从未放弃学习、钻研，先后攻克了一个又一个技术难关，独立完成了十多项技术研发，先后获得多项外观专利、实用新型专利。并因此每年为公司节约原材料成本上百万元。在这个过程中，赵晓萌也是从一名普通技术员一路成长为“专家型”人才，成为大家交口称赞的“赵大师”。

刚入职时，赵晓萌主要负责公司的设备维修、技术保养等。有一次，生产现场的一台机器把一位工人的手指压伤。调查后发现，是由于生产时需两个人共同操作同一台设备，但这种设备没有双人操作模式。为了杜绝这类事故再次发生，公司要求研发部对安全生产进行整改。接到任务后，赵晓萌与研发部的同事们只花了一周的时间，就找到了解决问题的方法。她为该设备设计安装了安全联锁装置，保证两个员工在使用同一台设备时，可以做到同步操作，避免了由于操作不便造成人员受伤的问题。赵晓萌也因此获得了公司领导的初次认可。

还有一次，公司接到客户的投诉，说某款机器性能不稳定，不但浪费原料，而且生产出的产品的良品率低。为此，赵晓萌花了半年时间研究这个问题，反复进行实验、改进，最终，她突破传统设计理念，设计出了一款性能很高的机器，并因此获得国家实用新型专利和外观专利。

在公司，大家都说赵晓萌是“技术疯子”。平时吃饭，或是睡觉时，如果突然有了灵感，她会放下碗筷，或是立即从床上爬起来。正是因为这种孜孜不倦的专业精神，她成功解决了一个又一个技术难题。

因为在技术研发与创新方面的优异表现，赵晓萌两次荣获公司的“特别贡献”奖，并获得当地政府授予的“百名青年岗位能手”称号。

在一个团队中，或是一个企业中，有人之所以担当重要角色，成为不可或缺的核心人物，就是因为他们具备别人不具备的能力，有胜人一筹的本事，他们就是别人眼中的“专家”。无数事实证明，成为专家型人才，既是这个时代对职业女性的要求，也是女性实现自我、超越自我的途径。

用专业精神拥抱新时代

很多人都非常熟悉“庖丁解牛”的故事。

技术好的厨师每年换一把刀，技术一般的厨师一个月就需要换一把刀。战国时期，有一个叫庖丁的厨师，专门负责给国王杀牛。他为国王服务了十九年，杀了数千头的牛，却不曾换过一把刀。而且，他的刀就像刚刚磨过一样，锋利无比。

国王很惊讶，询问其中的原因。庖丁回答说：“我的眼里刚开始还是整体的牛，后来就只有牛的天然结构。我的刀只会沿着牛的骨节缝隙游走，连经络相连的地方都不会碰到，更不用说砍骨头、割肉了。所以，这把刀我虽然用了十九年，却依旧锋利无比。”

什么叫专业精神？这就叫专业精神。打个形象的比喻，专业精神就是锤子的心里只有钉子，钉子的心里只有木头。专业精神代表着一个时代的面貌，代表着一种坚定、踏实和精益求精。

具有专业精神的人干一行、爱一行，思考一行、精一行，有定力，不游移，有目标，不会这山望着那山高。

在现实工作中，培养自己的专业精神，并不是说一定要让自己成为某一方面的专家，或是某行业的翘楚，而是要有对品质的精益求精，对工作的一丝不苟，对完美的孜孜追求。凭着这种凝神、专一的精神，职业发展之路才会变得更顺畅。

在某家公司，有一次，老板让公司的一位秘书购买一周后前往上海的机票。这位秘书从网上订好机票后，便告诉老板："票已经买好了。"一天后，她把寄来的机票装到一个信封里，然后放到了老板的办公室，并再次告诉老板："我把机票装在一个信封里，放在你的办公桌上。"

半个月后，老板又让另一位秘书购买一张前往北京的机票。这位秘书拿到机票后，把它装到一个信封中，并在信封上面写明班次、座位、启程、到达时间等信息。

做同样一件事，第二位秘书能够站在老板的角度，去处理好一些细节，这些细节看似不起眼，却是用了心的，体现的是一种专业精神。如果你是老板，你会更欣赏哪一位呢？

订机票并不算一件复杂的工作，却能反映出一个人的职业素养。在这个故事中，第二位秘书在工作中表现出了较强的专业精神。她做事专业认真，考虑问题周全，充分体现出了自身的价值。

在现实生活与工作中，很多人每天大部分时间都在做简单、重复性的工作，这些工作没有多少技术含量，不需要高深的知识与技能，但能把工作做到极致，做到出类拔萃的，一定是那些具有专业精神的人。

专业精神的核心不是将工作当作赚钱的工具，而是树立一种对工作的执着态度，也是对所做的事情和生产的产品精益求精的一种可贵的品质。

邢瑞大学毕业后进入一家研究所工作，这家研究所除了邢瑞和几个人外，其他工作人员不是硕士就是博士学位。邢瑞很高兴能和这么多优秀的同事在一起工作。

但工作一段时间后，邢瑞发现所里大多数人并没有自己想象的那么出类拔萃，有的人工作不认真，有的人经常搞“第三产业”，有的人干脆就是混日子。邢瑞是个非常上进的女孩，她没有受到所里一些不良工作氛围的影响，每天都认真钻业务，埋头苦干，有时还主动加班。

半年下来，她的业务水平提升很快，并被领导委以重任。一年后，就成了所里的“顶梁柱”。由于她做事专业、认真，而且有很强的自律能力，深得大家的好评。

可以说，能进入这家研究所的人，每个人都有自己的专业特长，都有一定的能力，但是，有专业能力不等于有专业精神。邢瑞之所以能从这群有能力的人中脱颖而出，与她的努力、上进是分不开的。在她的身上，我们看到了一种宝贵的专业精神。

很多时候，我们会发现，那些一鸣惊人的人，其实在功成名就之前早已默默无闻地努力工作了很长一段时间。成功是一种努力的累积，不论何种行业，想要攀上顶峰，需要做长时间的努力和精心的规划——纵使面对缺乏挑战或毫无乐趣的工作，也能一如既往、锲而不舍，这就是我们这个时代最需要的专业精神。

让优势成为自己的竞争力

各个行业中有很多佼佼者，他们并非十全十美，却能将优势发挥得淋漓尽致。这是因为他们知道弥补自己的短处，让自己看上去更加完美，同时还会发挥自己的优势，可以让自己变得更加卓越。

郑燕在一家企业做人事工作，工作虽然轻松，但她觉得几年来没有取得多少进步，而且也看不到自己的职业前景。于是，业余时间，她苦学短视频制作，还学习主持、形象设计等课程，准备进入一个新兴行业——网络直播。

一年后，她如愿地跳槽到一家电商公司。刚接触电商行业，她明显感到力不从心。于是，她又报了一些课程，如商贸、英语、沟通技巧等，经过自己的不懈努力，她逐渐成为公司的销售精英。在平时的直播中，她对自己要求非常严格，从形象设计到语言表达都会精益求精，尽可能使直播有趣有料、不庸俗、不跟风。她的直播风格清雅、幽默，给很多第一次到其直播间的观众留下了深刻的印象。

2020年6月18日，她通过直播带货，一天的销售额就达到了550万元，打破了公司销售的个人纪录。谈到未来，她信心满满："争取明年的这个时候，我的销售额突破1000万元。"

如今，她在抖音的粉丝数突破50万，也算是一个不大不小的网红。

在竞争激烈的职场，郑燕找到了自己的方向，在网络直播中充分施展了自己的才华，形成了自己的核心竞争力。这与其不断学习，提升自身职业素养息息相关。

任何一种优势的确立，都需要经过一个不断自我提升、自我超越的过程。特别是在当下，新知识层出不穷，我们经常会有这样的错觉：有些东西越学越迷茫，不学感觉会被时代抛弃，学了也没有太大的收获。于是，学也不是，不学也不是，整个人会觉得心浮气躁。这个时候，一定要学会逼自己——没有办法，这是时代的需求。

如今，你随便点开一个招聘网站的某一条招聘信息，会发现这样的规律，但凡有点实力的公司，都更倾向于招聘复合型人才，或是在某一方面特别见长的。如果你中规中矩，各个方面的能力比较平均，没有自己核心优势，那竞争力就会弱很多。

当今，如果你非名校毕业，又没有丰富的相关行业经验，那你就要学会不断提升自己的核心竞争力。当然，提升自己在某一方面的竞争力，并非一朝一夕之事。在职场，有个定律叫“一万小时定律”，说的是从“小白”到“大神”，需要长达一万小时锤炼。这里，时间只是保障，要想有所成就，前提是选对方向。如果眉毛胡子一把抓，便容易出现前面提到的“迷茫”。那些成功的人，大多只有一两项优势、强项，在其他领域，他们的表现也都一般。唯一不同的是，他们懂得用自身优势投身到完全匹配的职业中去，成为擅长领域内的超人。

宋坤，1982年出生，是中国女子帆船环球航海第一人。曾先后就读青岛滨海学院、山东财政学院，精通英文、日文。毕业后，她一度感到前途迷茫，可选的职业有外贸、酒店、医院等，但这都不是她的兴趣所在。

2006年，在一家航海俱乐部工作期间，宋坤开始接触到帆船赛事，并从此一发不可收拾地爱上了航海。2011年，一个偶然的机会，让她有幸成为国内首个大型航海赛事的现场主持人，她专业且充满激情的赛事讲解，给观众留下了深刻的印象。这之后，她越来越向往广阔的大海，并希望做一次长时间的航行，于是，她决定参加一次环球航行。她说自己天生爱动，“稳”不住，更享受“漂”的生活。

2013年9月1日，宋坤申请参加克利伯环球帆船赛。本届克利伯环球帆船赛有一支中国船队——“青岛号”，该船队有8名队员，宋坤是唯一一个参与全程比赛的女选手。在比赛中，她克服了恶劣的天气条件，以及潮湿颠簸的行船生活，有时会疲惫到连哭的力气都没有，但她还是坚持了下来，并笑到了最后。

她就是这样一个有激情、有热量、有温度、有梦想的女子，有人称她为女神，有人称她为巾帼英雄，可她却只是温柔一笑。她说，不管是体育解说还是参加帆船赛事，她都会一直传播航海知识和文化，沿“海”一直走下去。

宋坤凭借着刻苦的训练，清醒的抉择，将自己的人生过成了不可复制的艺术品。

不论在生活中，还是工作中，很多人会认为，要获得同等的成功，女性要比男性付出更多的努力。其实不然，许多像宋坤这样优秀的女性，用自己的成功向我们证明，只要能找到并利用好自身的优势，在付出同等努力的情况下，女性在许多方面会比男性做得更出色。

更何况，如今高度信息化的现代社会为女性提供了越来越丰富的生活方式和广阔的发展空间，越来越多的女性也更注重自我的提升与发展。所以，不要总是把自己放在弱势的位置上，学会找准职业切入点，利用好自己的优势，你也可以开创一片属于自己的天地。

少些“差不多”，多些精益求精

文学家胡适曾写过一篇文章，名叫《差不多先生传》，在这篇文章中，有这样一段话：

你知道中国最有名的人是谁？提起此人，人人皆晓，处处闻名。他姓差，名不多，是各省各县各村人氏。你一定见过他，一定听过别人谈起他。差不多先生名字天天挂在大家的口头，因为他是全中国人的代表。

差不多先生的相貌和你和我都差不多。他有一双眼睛，但看的不很清楚；有两只耳朵，但听的不很分明；有鼻子和嘴，但他对于气味和口味都不很讲究。他的脑子也不小，但他的记性却不很精明，他的思想也不很细密。

他常常说：“凡事只要差不多，就好了。何必太精明呢？”

在今天，依然有很多人会秉持这样一种态度：凡事都不太认真，只要差不多就可以了。殊不知，“差不多”就是差得很多。很多时候，哪怕只是1%的差别，也会造成100%的不同。

竞技场上，冠军与亚军的区别有时小到几乎无法判断。比如短跑，第一名与第二名有时可能相差半步；又比如赛车，第一名与第二名或许只相差0.01秒。然而，全世界的目光却往往是聚焦在冠军身上。

刘晓杰是名校毕业，且志向远大。毕业后，由于一时没有找到中意的工作，便到一家没什么知名度的报社当了一名记者。用她的话说就是“先凑合干着，等有了好的机会再说”。

没想到，这一干就是两年，她不甘心就这样总是做一名小记者。有一次，她听人说，副社长年底就要退休了，会空出一个职位。刘晓杰认为，这是自己难得的机会。

在一次聚会中，刘晓杰认识了一个朋友的老同学，这个人是一个知名的地产商。酒过三巡，得知对方正在开发一块土地，而且计划拿出十几万元找一些媒体做项目宣传。听到这个消息，刘晓杰心里一阵窃喜：如果能给报社拉到这个大客户，还愁当不上副社长？

于是，她通过朋友争取到了这个订单。报社得到了消息，就把她列入了副社长候选名单。

项目奠基的那天，刘晓杰和一位同事顺利地完成了采访任务。采访结束后，她便在短时内完成了一篇新闻稿，为了第二天顺利刊登，她抱着侥幸心理减少了一个出版环节。第二天，她一进办公室，就听有人说“出大事了”。原来，头版头条的新闻标题本来应是“×××一期昨日奠基”，但是，办公桌上报纸的大标题却是“×××一期昨日奠墓”。

事后，地产商取消了广告订单。

在这个故事中，一字之差，却造成了天壤之别。所以说，工作就如同创作一件工艺品，需要精心打磨，来不得半点马虎。即使是简单的事情，也要用心，也要发挥工匠精神。做任何事情，只有做到极致，才会有人记住你，甚至离不开你。

很多人都不喜欢做简单的事情，认为简单的事情不值得一做，与其浪费自己的宝贵时间，不如做一些有挑战性的事情。然而，如果一个人连很简单的事情都做不好，又怎么能去做复杂的事情呢？熟能生巧的道理大家都知道，如果一个人能把简单的事情做到极致，收获的将不只是他人的信任与尊重。

68岁的杨容莲，人称茶水莲姐、茶水阿姐。她只是个不识字的农村妇女，早年随丈夫到香港谋生，在朋友的帮助下进入某剧组做茶水工——这是一份极其普通，又不起眼的工作，但她却做了三十多年。虽然杨容莲这份工作不需要什么技能，但是想要做得让所有人满意也不容易。

杨容莲为了做得更好，每天都提前两个小时到片场，把泡好的各类饮品装在大家的保温杯里，并贴上了名字。哪些人喜欢什么口味，什么时候递上茶水，什么时候需要盒饭，她都记得清清楚楚。有的演员身体不适，需要热饮时，她也会多加照顾，不论明星的知名度如何，她都一视同仁。

送茶送水这样的小事，莲姐一做就是几十年，而且做到了极致。

2018年4月，在第37届香港金像奖颁奖典礼上，杨容莲被授予“专业精神奖”奖。宣布获奖的一刻，现场全体人员起立，并为她鼓掌，向这位一直默默付出的“无名英雄”致敬。

杨容莲用自己勤劳的双手照顾着身边所有的人，赢得了大家的理解与尊重，授予她“专业精神奖”，既是对她工作的肯定，也是对她职业精神的赞赏。

在工作中，并没有事事都精通的高手，要想体现你的价值，不一定非要成为“万事通”，许多时候，优秀和平庸的差距，就在于你有没有把该做的事做到位，并一直坚持做好。哪怕是再简单不过的工作，如果你能做到极致，也会熠熠生辉。

07

第七章

忠于奉献，淬炼新时代巾帼精神

时代在进步，社会在前进，但无私奉献的精神不能变。在实现“中国梦”的新的伟大征程中，比以往任何时候都更需要奉献精神，更需要巾帼力量。这就需要新时代的女性要怀有强烈的社会责任感与家国情怀，在奉献中彰显人生价值。

乐于奉献，与新时代同行

新时代为女性建功立业创造了很多机遇，她们激扬巾帼之志，凝聚巾帼力量，在实现“中国梦”的伟大征程中用奉献展现“巾帼不让须眉”的别样风采，在奋斗中书写“女人能顶半边天”的时代华章。

这里的“奉献”一词，大家都很熟悉，原义是指恭敬地交付，呈献。在现实中，特指那些为了他人与事业不计得失、不求回报、真诚无私地付出。奉献精神是一种纯洁高尚的精神境界。

如今，越来越多的女性开始步入职场，她们通过默默的奉献诠释着巾帼风采，释放铿锵玫瑰的芬芳。

朱引侠生于1974年，是安徽省砀山县官庄镇岳庄坝村的一名普通村民。多年来，她一边寻求致富门路，一边扶危济困。1993年，朱引侠收养了本镇一名四岁孤儿，视如亲子。孩子成年后，她盖了四间新房，为孩子操办了婚事。本村有两名16岁的留守女童面临辍学，朱引侠帮扶资助，让她们重返校园。2010年，朱引侠成立砀山县引侠农牧有限公司发展养殖业，带动十多个自然村发展成为养猪专业村。

十多年来，朱引侠主动赡养孤寡老人，关爱留守儿童，救助困难家庭……逢年过节，还要为贫困户、特困户、孤寡老人献上爱心。在她的带动下，家人也从一开始的不理解、抵触，到现在和她一起照顾这些特殊家庭。她还利用互联网，呼吁更多爱心人士加入“爱心接力”中！面对各级组织给予的鼓励和赞扬，她只是说：“我坚持做的这些事，在我个人看来都是应该的。”

如今，朱引侠事业有成，但是她依然不忘初心，并表示：“吃水不忘挖井人，现在家里日子过好了，就有了回报集体、回报社会的想法。”

朱引侠先后荣获“宿州好人”“安徽好人”等荣誉称号，其家庭也先后被评为“宿州市最美家庭”“安徽省最美家庭”“全国最美家庭”和第十届“全国五好文明家庭”。

一枝独秀不是春，百花齐放春满园。生活中正是因为有了无数像朱引侠这样朴实、甘于奉献的女性，让我们感受到了更多人间温暖与正能量。她们用柔弱的身体书写了新时代女性的傲然风采，不愧为当代女性的骄傲，是最美的“女人花”。

在各行各业，随处可见默默奉献的女性，她们不爱红装爱工装，她们工作虽然很平凡，但是却值得人们尊敬。

张女士是一位医生，在2020年抗击新冠肺炎疫情的战役中，她舍小家顾大家，始终坚守在抗击疫情第一线。

2020年4月，当得知医院隔离病房需要医护人员时，还处于哺乳期的张女士毅然请缨，并决定给孩子断奶。由于每天工作时间较长，有时还需要加班，她很少能按时回家。不久，孩子患上了急性肠炎。为了照顾家人，同时又不耽误自己的工作，她每天只得在医院与家庭之间奔波，吃不好饭，睡不好觉，有时一天要跑三四个来回。

虽然每天很辛苦，但是她的工作状态很好，效率很高。她晚上不能加班，白天就铆足了劲儿干。这样的工作状态，她一直持续了三个月，中间没有耽误过一天。同事都说她太不容易了，她却说：“和那些没日没夜坚守岗位的同事相比，自己做的这些不算什么。”

在整个疫情期间，像张女士这样医护人员有很多，他们冲锋在第一线，在无数个不眠不休的日子里，默默奉献，无怨无悔。

这是一个讲究奉献的时代，你为人人，人人为你，你如果没有奉献意识，必然会遭受更多挫折，因为没有人愿意与只会索取的人打交道。

在这个世界上的任何人，都需要别人的奉献，更需要自己主动奉献。你是小草，就应该为大地增添一丝绿意；你是小溪，就应该带来清澈甘甜的水源；你是云朵，就应该化成雨水滋润万物……这个社会因奉献而和谐，因奉献而富有生机。

激扬“她力量”，践行巾帼之志

在中国历史上，男性一直占据社会的主导地位，而女人更多的是充当一个贤内助的角色。新时代，女性的地位得到了极大的提升，国家的发展、民族的兴旺、社会的进步，同样需要“她力量”的推动。

如今，在各行各业随处可见新时代最美巾帼奋斗者在平凡的岗位上履职尽责、无私奉献的身影，她们将勤劳、智慧融进时代发展的潮流，书写着“巾帼志”，唱响了“巾帼颂”，贡献着“巾帼力”。她们没有惊天动地的壮举，却将“奉献精神”的含义诠释得淋漓尽致。

兰惠是一家数控机加工厂的高级工艺师，她先后主持或参与多项航空型号数控加工零件的工艺规划和设计任务，曾获得“全国五一劳动奖章”奖项。

1997年，兰惠开始在工艺编程岗位上从事技术性工作，几十年如一日，兢兢业业、竭诚奉献，把自己最美好的青春岁月，以及智慧和才华都奉献给了航空事业。

生产航空结构件有个特点，就是小批量、多品种，所以制造工艺直接关系着产品的利润。有时，面对人员不足，人员业务能力偏弱的情况，她会亲自投身于型号复杂关键结构件的工艺设计与制造任务中，带领大家准时出色地完成任务。

在大家眼中，兰惠既是技术达人，也是工作狂，有时为了工作进度她会舍弃周末，舍弃陪伴家人的时间，加班至凌晨更是常有的事。

有一次，她在加班时突然感觉腹部不舒服，同事把她送回家，劝她说："你先把工作放一放，好好休息两天。"但是，第二天她又准时出现在办公室。在项目研制的关键时期，她几乎每天都在第一线。

在她的影响和感召下，全组成员团结奋战、顽强拼搏，出色地完成了一个又一个工艺设计任务，并受到了公司领导的肯定。

乐于奉献、敢于担当的兰惠，在成功和荣誉面前，始终保持着一名科技工作者的朴实本色，用她的话来说："这是我的本职工作，工作就是要尽力干到最好，我将继续努力下去！"

有一句话说得很好，今天所拥有的一切，都是奉献者用汗水堆积出来的，我们一来到世上就是受益者。的确，我们的一座座现代化城市，一项项科研创新成果，一条条高速铁路……都凝结着像兰惠这样女性工作者的辛劳和汗水。她们是值得尊敬的劳动模范，是各行各业的能工巧匠、技术尖子，她们体现了这个时代女性的新风采。

在新的时代，我们更需要大力弘扬奉献精神和"她力量"，立足岗位，拼搏进取，无怨无悔，无私无畏，用忘我的奋斗精神践行无愧于新时代的巾帼之志。

韩利萍是长治清华机械厂的一名数控铣工。1991年，韩利萍进入该厂，正式成为一名工人。当时，她白天干活，晚上学习。她的勤劳与上进，为日后成为中国航天领域的技能高手打下了坚实的基础。

1999年，韩利萍成为厂里第一批数控操作工。当时，国内有关数控机床专业教材较少。每次去北京出差，她只要一有时间，就会跑到书店找相关的图书阅读。从逐字逐句写指令代码到宏程序应用，再到系统变量开发，她一层层揭开了数控加工技术的“神秘面纱”。

在承担神舟飞船和探月卫星发射支持系统和国家重点武器装备产品的研制生产中，韩利萍数次临危受命，忘我地工作，攻克了一个又一个制约工程研制的技术难关，为我国的航天事业和企业发展做出了突出贡献。

2016年6月25日，我国新一代运载火箭长征七号在海南文昌航天发射场首次发射成功。当时，听到直播画面中传来“发射成功”的声音，韩利萍和她的同事们禁不住欢呼起来。每每回忆起那个画面，她都非常激动：“以前觉得自己只是一名工人，那一刻，觉得自己是和整个国家联系在一起的。”

从一个普通女工，成长为特级技师，韩利萍用智慧、勤劳，以及奉献精神赢得了“蓝领玫瑰”的美名。她用自己刻苦钻研的追梦之旅，阐释着“她力量”的含义，用自己持续不断的努力，展示着新时代女性的风采。

作为新时代的女性，要善于把握时代跳动的脉搏，把时代要求与自己的奋斗实践紧密结合起来，用实际行动赋予奉献以新的时代内涵，以更加自信的姿态，激扬巾帼之志。

牺牲小我，幸福大家

中华民族是一个崇尚奉献的民族。在数千年的历史长河中，中国人民守望相助、勇于付出，留下了许多关于奉献的经典传说，如女娲补天，大禹治水等。故事中的主人翁有一个共同之处，那就是无一不是“牺牲小我，幸福大家”。

进入新时代，越来越多的女性从家庭进入职场，她们朴实、勤劳、勇敢、善良，继承并发扬奉献精神，展示了女性高尚的品德与良好的精神风貌。她们是时代的楷模，是人们心中的天使，是不折不扣的女神。因为奉献，她们更加美丽动人，因为奉献，她们收获了精彩的人生与事业。我们的社会因为她们的奉献而和谐，因为她们的奉献而富有生机。

冯女士是某市街道办的一位办事员。自新冠肺炎疫情暴发以来，为了做好社区防控工作，她“舍小家，为大家”，与街道社区工作人员勇敢“逆行”，不舍昼夜，无私奉献。

2020年春节刚过，有一天，冯女士正在和家人吃饭，突然接到单位要求其立刻返岗参与疫情防控工作的电话。与家人匆忙解释后，她便第一时间赶回单位，迅速投身于工作中。她与几名工作组成员汇总整理各组、各社区摸排的数据，为街道研判疫情态势、部署疫情防控提供重要的数据支撑。

由于时间紧迫、数据量巨大，头几天，她每天都是半夜才能回家。她的母亲患有阿尔兹海默症，老人家谁也不记得，但每天总能记起一件事，就是等女儿下班，要不然就不睡觉。

有一天，冯女士凌晨三点才下班，她推开家门时，发现母亲依然在等着她。那一刻，她心里很不是滋味，陪母亲聊了一会儿天，等母亲睡熟后，她才去休息。只睡了两三个小时，就又急匆匆返回工作岗位。

提及对家人的“亏欠”，她总是说：“我身处‘抗疫’的后方，只有将摸排数据的工作做扎实了，才对得起奋战在一线的同事们。”

在完成本职工作之余，冯女士还利用宝贵的休息时间义务为一些商务楼宇、片区物业购买84消毒液等消毒用品，为防疫工作贡献自己的一份力量。

在这次疫情中，有许多像冯女士这样的女性都勇敢地“逆行”，即使她们没有像白衣天使们一样冲在“抗疫”的第一线，也为战胜疫情牺牲了自己宝贵的休息时间，以自己的方式默默地奉献。疫情之下，更突显了她们精神之美。我们的这个世界，也是正是因为这种奉献而如此和谐。

奉献，就要有一分热就发一分热，对工作要全身心投入，奉献就要实打实地付出，来不得半点虚假：当别人需要帮助的时候，能够伸出援助之手；当业务繁忙的时候，当需要赶进度的时候，能够以大局为重，为团队尽一份微薄之力；当个人荣辱与团队荣誉发生冲突的时候，应能暂时放下个人的得失，能为集体考虑……

柯文翔是一位作家，她先后荣获“武汉市三八红旗手标兵”“湖北省三八红旗手”。

1971年，柯文翔出生在一个贫苦的农民家庭。她从小勤奋好学，但是，在高考那年，命运与她开了一个玩笑——以6分之差落榜！她不甘心失败，立志要用手中的笔改写自己的人生。

1993年，一个偶然的机会，柯文翔进入一家新闻机构。让她没想到的是，一年后，单位在激烈的市场竞争中解体了。于是，她选择了做一名自由撰稿人。从一个农村女孩到省城报社的记者、编辑，再成为一名用笔打造人生的作家，柯文翔踏平坎坷，跨越命运的鸿沟，一路风雨一路歌，追寻着人生的梦想！

也许是对磨难有太多切身的体验，让她更加认识到：像她这样的弱者更需要关爱。这也让她在奋斗的同时，拥有了一种莫名的责任感——她要更多地帮助别人，为这个社会奉献自己的绵薄之力。

于是，在许多地方都会见到她的身影：指导大学生就业创业有她；慰问抗洪救灾军民还有她；关爱“留守儿童”的爱心妈妈有她；抗洪救灾捐钱捐物有她；为汶川、玉树地震灾区捐款有她；武汉市儿童福利院、武汉市第二福利院的爱心捐赠有她……她还尽己所能，帮助被骗的女性，为她们讨回公道，让即将放弃高考的学生重拾希望……

柯文翔在文学领域取得了一定的成就的同时，她还积极地传递正能量，为社会奉献爱心，为当代女性树立了一面“锐意进职、无私奉献”的旗帜。

柯文翔勇敢面对逆境自强不息、“牺牲小我，幸福大家”的精神感人至深，她的模范事迹受到了社会各界的好评。这足以说明，在人生路上，要让“生命开花结果”，必须要懂得奉献，善于奉献。奉献会让你变得快乐，也会让你明白生命的真谛。

我们这个时代需要更多柯文翔这样的女性，需要她们这种无私的奉献精神，这种精神永远也不会过时，特别是在实现“中国梦”的伟大征程中，奉献精神更应成为新时代女性的价值追求。

热衷公益，做幸福的天使

公益活动，是指一定的组织或个人，通过资金、人力、技术等来支持某项社会公益事业的公共关系事务活动，其目的在于支持或帮助一些有需求的个体或是群体，解决他们面临的现实问题。对公益活动的态度可以折射出一个人的品质与精神世界。

如今，人们的素质越来越高，对道德与精神境界的追求也越来越高，所以，有越来越多的人会力所能及地投身到公益事业中。这些人当中，女性占了相当大的比例。她们天性善良、温柔体贴，是人间天使，在她们的身上，更能让我们看到人性之美。

付女士是某县供电公司抄表班班长。十几年来，她一直关心、参与儿童公益事业，2015年，她组织成立了“爱心妈妈”团队，旨在关注贫困留守儿童，构建文明和谐社会。

这个团队有30名成员，自成立以来，累计服务时长近3000小时，组织开展过多种送爱心、送温暖活动，并帮助全县200多名贫困学生实现“微心愿”。付女士不但用爱心温暖了孩子，也让他们懂得了奉献的意义。

付女士常说的一句话是：“帮助别人，只是一件微不足道的小事，就像歌里唱的：‘如果人人都献出一点爱，世界将变成美好的人间！’我希望我会感染更多的人，让她们加入这个爱心大家庭！”

在这个故事中，付女士已不是一个孩子的母亲，而是一群孩子的妈妈。她是一个很平凡的人，却有一颗不平凡的心，作为播撒爱心的天使，在她的身上我们不仅看到了一种大爱，一种美德，更是一种精神。

“乐于助人”是中华传统美德，通过奉献爱心，不但可以帮助他人，也可以让施援者感到身心快乐。而有组织性的公益活动，不仅能激发人们的奉献意识，让参与者体会到奉献的意义，还会为社会注入更多的正能量，让被受援者感受到更多人间的温暖。

张鸿雁是山东淄博鸿雁传媒有限公司董事长，及中国孔子基金会“儒风大家”儒风讲坛讲师团团长，2017年被评选为“淄博和谐使者”。

张鸿雁出生在一个普通的农村家庭。小时候，母亲身体不好，一家四口靠着父亲挣的工分生活，日子过得很苦。在她的记忆中，母亲经常会到亲戚朋友家借粮，每每如此，大家都会伸出援手。父亲说，一家人之所以没饿着，是因为得到了大家的帮助，并让她们要懂得感恩，等长大后要想办法报答别人。

张鸿雁的心里一直牢记父亲的教诲，这也是促使她日后走上公益之路的一个重要原因。她参加工作后，只要有公益活动，都会积极参加。

有一年重阳节，张鸿雁带着女儿和一些爱心人士到一家敬老院看望老人，不仅为老人打扫卫生、换洗衣服、修剪指甲，还陪他们拉家常。她给一位年近80岁的大娘喂完饭后，对她说：“大娘，看你也累了，就休息一会儿吧，我们要走了，以后还会再来看你。”

大娘用颤抖的双手拉住张鸿雁的胳膊说：“闺女，你这就要走吗？你什么时候再来啊？你可一定要再来啊！”

看着老人湿润的眼眶，张鸿雁心里也不是滋味，她含着泪说：“我一定会来的。”

此情此景，她经历得太多。这更坚定了她继续做公益的决心。受到她的影响，身边不少乐于奉献、志同道合的人也都纷纷加入。

为了一如既往地把公益事业做下去，2013年11月26日，由张鸿雁牵头成立了淄博市儒商研究会，并亲自出任会长一职。研究会秉承“传承经典、经世致用”的宗旨，团结带领更多的人为公益事业添砖加瓦。

“赠人玫瑰，手有余香”。热衷公益，不但让别人获得了快乐，也让自己收获了别样的幸福，实现了更高层次的人生价值。同时，也构筑起一个明亮的爱的天空。作为女性，只要你能像张鸿雁一样带上感恩与温情，乐于助人，一个人也可以带动一群人，为社会输入更多的正能量。

在许多热衷于慈善与公益事业的女性身上，我们看到了当代女性的优秀品质。她们坚守如一、不离不弃，她们大力弘扬传统美德，用实际行动践行着奉献精神，她们敢于走在时代前列，做道德的楷模，给别人带来更多精彩与感动。她们是时代的宠儿，是爱的化身，在她们的身上，你能看到人性中最柔和、最温暖、最纯粹的爱之光芒。

播撒爱心，活出一生的美好

社会在进步，时代在变迁，女性的生活环境也在不断变好，不变的是对美的追求。当一个女人拥有了高尚的品德与美丽的灵魂，充满爱心，且懂得奉献，即使她没有出众的外表，也是美丽的，也是精致的。

所以说，女人是否美丽，不能看她的外表，而是要看她的心灵，就如英国女演员奥黛丽·赫本所说："女人的美丽不存在于她的服饰、她的珠宝、她的发型之中；女人的美丽必须从她的眼睛中找到，因为这才是她的心灵之窗与爱心之房。"

有爱心的女人，面对长辈、亲人、朋友、同事，她们始终能怀着一颗善良之心，想别人之所想，急别人之所急，并给予需要帮助的人以深深同情与慷慨相助。

刘艺轩就读于一所舞蹈学院，2017年，在拿到硕士学位后，她没有急着找工作，而是想运用自己的专业特长去做一些有意义的事情。她选择了参加各种公益、爱心活动。

有一次，她来到一个偏远的地区，发现那里的孩子虽然家庭贫困，但是对学习艺术充满了渴望，却又显得很无助。这深深地触动了她的心灵，她多么希望这些贫困家庭的孩子也能得到专业的艺术教育。她没有多想，决定一个人留在这个地方，并创办了一所艺术教育学校，让这里的孩子接受专业化的舞蹈培训，不收他们一分钱。

还有一次，她得知某公益助困艺术团急需舞蹈教育志愿者时，立刻报名参加，并不远千里，坚持每月往返数次，免费教授贫困家庭孩子学习舞蹈。

三年来，刘艺轩默默奉献，不但帮助贫困家庭孩子增强了自信心，也提升了他们的舞蹈技艺。她将爱心给了那些素昧平生的孩子，将自己的热情与精力奉献给了公益事业。她常说的一句话就是："感谢命运，让我选择了阳光下最快乐的事业。"

人生一世，不过短短数十载，而女人的青春更是短暂，与其浪费大量时间，为什么不多做一些有意义的事呢？这或许正是刘艺轩向贫困地区孩子播撒爱心的初衷吧。她给予孩子们的是力所能及的帮助，但对于那些孩子来说，他们不仅学习到了新的艺术技能，还获得了莫大的精神满足，这都是伴随他们一生的财富。

当然，不是每一位女性都具备刘艺轩这样的才艺。对于普通女性来说，向社会奉献爱心的最简单途径，就是加入一些慈善团体，做一名志愿者，免费、无偿地为社会贡献自己的力量。在今天，我们经常会看到这一平凡而伟大的群体，她们活跃在抢险救灾、扶弱济贫的社会公益一线，她们用无私的奉献精神为和谐社会贡献自己的力量，让爱心之花在阳光事业中悄然绽放。

刘靖就读于一所医学院校，学的是护理专业。2018年毕业后，她到一家县医院工作。虽然平时工作很忙，但是一到节假日，她就抽空到当地的养老院敬老助老。她每次到养老院，都会帮老人收拾床铺、打扫卫生，并给一些生活不便的老人洗漱、喂饭，经常从早上八点一直忙到下午五六点，一天要照料十几位老人。如果有老人身体不舒服，她会嘘寒问暖，并为她们备好药。在闲下来的时候，她会陪老人聊天、打牌。很多老人都视她为自己的亲闺女，见到她会有说不完的话。此情此景，让人非常感动。

虽然照料老人非常辛苦，但是，她从来没有抱怨过，也有人曾经劝她："你工作已经够累了，这到底是图啥？"她说："我啥也不图，就图个快乐，只图别人像我一样快乐。如果你是一道光，你不是只是照亮别人，而是要让别人跟你一样，也成为一道光。"

帮助别人本身就是快乐的，给予本身就是力量。不可否认，对在奉献的认识和态度上，社会上总是有这样一种声音："无私奉献是英雄模范的事情，自己只是普通人，做好自己就行了。"诚然，英雄模范的奉献总要多于普通人，但普通人就该坐享其成、不需要奉献吗？

聪明的女人，不会因为这样或那样的声音存在，就变得冷漠，就将自己的爱心之窗紧紧关闭，如此，我们的心将是一片荒芜的沙漠，没有生机，没有绿色。女人要活出一生的美好，一定要懂得播撒爱心，只有充满爱心，才会收获美丽，只有奉献关怀，才会获得温情。

用奉献描绘人生的风景线

奉献就是不求回报的付出，在奉献这条路上，我们“累并快乐着”，再怎么艰苦也是美、再怎么付出也是甜的，就不会患得患失。在全面建成小康社会，实现中华民族伟大复兴的“中国梦”的征途中，需要千千万万的奉献者，一齐开创美好的未来。

新时代，对女性来说，这既是一个奋斗的时代，也是一个实现自我的时代，更是一个奉献的时代。各行各业中，随处可见活跃着的杰出女性的身影，她们是职员，是女儿，是妻子，是母亲，也是新时代的“靓女”，是岗位奉献的“她力量”，她们用勤劳和智慧的画笔，为自己的人生描绘出亮丽的风景线。

刘女士是某医院的一位内科医生。她从医10年，始终兢兢业业，一丝不苟，在工作中展现出了无私的奉献精神与博大的情怀。

平时，上白班的时候，挂她的门诊号的患者非常多。有时，她会主动为患者加号。忙的时候，连喝水吃饭的时间都没有。对待患者，她态度非常好，而且特别耐心。虽然每天的工作都很累，但她从来没有一句怨言。

她每次值夜班的时候，都会工作到凌晨四五点，中间只做一次短暂的休息，早上，她还要查房、开医嘱。一次，她因为工作累倒了，同事都劝她好好休息一段时间，她身体刚恢复后，便又投入到工作中，她说：“好多老病号都在等着我呢，还得继续战斗。”

只要是找她看过病的患者，都对她称赞有加，因为她值得患者信任。每每看到患者康复后寄来的感谢信，她不无感慨地说：“再苦再累，我都觉得很值。”

在这个故事中，刘女士之所以深受患者的信任，不只在于她讲医德，且医术高明，更在于她无私的奉献精神，她用自己的实际行动很好地诠释了什么是“医者仁心”。

在众多像刘女士这样的人身上，我们看到了当代女性的奉献意识与精神。所以说，做好本职工作，乐于奉献的人，才能拥有光明的职业前景。这样的人才不负时代，不负青春。

对于任何一个人来说，为他人付出得越多，他的心灵就会变得越富足、快乐，因为心灵富足的人必会爱人，而爱就是给予，就是奉献。

张凤仙是山东省菏泽市疾病预防控制中心主管护师。她生在军营，长在部队，从二十多岁走上护理岗位，一干就是三十多年。在工作中，她立足岗位、服务病人、奉献社会，用真情传承了南丁格尔精神。

张凤仙是一个懂得感恩的人，也是一个乐于奉献的人。在工作中，她将病人视为朋友、家人；为了苦练护理基本功，她在自己身上练习穿刺、针灸；她爱护病人、善待生命，亲自帮助病人排便，用嘴给病人吸痰；她面向社会公布了自己的电话，提供24小时护理服务。

在多年护理实践中，张凤仙摸索出了“三多”“四心”“五勤”“一随访”的护理服务经验。“三多”即给病人多一点微笑、多一声问候、多一些帮助；“四心”即爱心、耐心、细心、责任心；“五勤”即手勤、腿勤、眼勤、口勤、耳勤；“一随访”即把护理工作延伸到社区的每个病人家中。

有一年春节，为了照料几位特护病人，她连续工作了七天七夜，结果因体力不支而病倒；有一次，她蹬着三轮车将患病的母女二人接回家中，精心料理；她节假日放弃休息，外出义务巡诊，为行动不便的患者送药上门……

张凤仙将满腔的爱献给了护理事业。她由于工作出色，得到了单位和政府的褒奖，面对荣誉，张凤仙显得很平静：“荣誉既是一种工作上的压力，也是为民服务的动力……每当看到病人带着笑容走出医院，我就感到自己是太阳底下最幸福的人。”

护士，这个平凡的职业，之所以被人们称为白衣天使，不仅仅因为她们身着美丽的白衣，还在于她们无私的奉献精神。在工作中，许多像张凤仙这样的医护人员，一次又一次用自己的实际行动生动地诠释了这种宝贵的精神。她们始终不忘使命，用最真挚的热情，用精湛的医学护理技术，精心呵护每一个生命。

在生活与工作中，许多张凤仙这样的职业女性，她们热爱自己的工作，并将奉献当成了一种职业习惯，当成一种获得快乐的体验，如优秀售票员李素丽、拾荒老人陈贤妹、“最美妈妈”吴菊萍、“最美教师”张丽莉，等等。她们虽然很平凡，但是在面对他人与社会的需要时，用实现行动诠释了什么是“爱与奉献”，并赋予奉献以新的时代内涵、新的精神境界。

“追梦需要激情和理想，圆梦需要奋斗和奉献。”奉献精神既是一种优秀的传统文化，也是一种高贵的品质。在各行各业，广大女工用奉献精神谱写了当代巾帼的风采，她们是爱的使者，是美的化身，更是这个时代一道最亮丽的风景线。

08

第八章

勇于担当，女人也要撑起半边天

一个时代有一个时代的主题，一代人有一代人的担当。担当是一种精神，一种魄力，也是一种责任。在新时代，并非只有大人物，或是做大事的人才配得上“担当”，各行各业平凡的女性用自己的担当完美诠释了什么叫巾帼不让须眉。

弘扬抗疫精神，彰显巾帼力量

2020年春，当人们怀着喜悦的心情迎接农历新年的时候，新冠肺炎疫情如同一场黑色的风暴突然袭来。一时间，在抗疫的各个“战线”上，抗疫英雄们以敢于斗争、不怕艰难的大无畏气概，铸就了“生命至上、举国同心、舍生忘死、尊重科学、命运与共”的伟大抗疫精神。

在这场没有硝烟的战役面前，全国人民众志成城，广大女性更是知重负重，尽心尽责——有人不眠不休、保障后勤；有人自觉留守、主动隔离……尤其是医护工作者，她们更是勇敢“逆行”，如雨中铿锵玫瑰，绽放出别样的风采，不愧为新时代的女中豪杰，不愧为中华民族的巾帼英雄。

陈静个头儿不高，看上去很文静，一双眼睛炯炯有神，做事十分利索。新冠肺炎病毒肆虐期间，她作为支援湖北医疗队的军队队员，及火神山医院重症医学一科的护士长，严格履行职责，认真守护每一位进出病房人员的安全。

在工作中，她几乎每天向大家宣讲医护人员进入特定区域的每一道洗消程序，每一个防护要求——从穿防护服、隔离衣，戴护目镜，再到戴鞋套、洗手，一共有几十道大大小小的程序，不论是医生还是护士，有一道程序不符合标准，她都不允许进出。因此她被人们亲切地称为“硬核”护士长。

除了时刻提醒医护人员注意防护，对于患者出现的情绪不稳，陈静会进行及时安抚。在给患者治疗的过程中，医护人员要对患者进行插管、吸痰等高风险操作，陈静总是冲在最前面。

有一次，在为一位发热患者清理喉咙时，痰液溅在了她的防护面具上，她没有一点嫌弃。还有一次，在给患者喂饭时，患者突然呕吐起来，她一边安抚对方，一边用温水耐心地帮患者擦拭干净。患者很感动，向她伸出了大拇指。在ICU中，大部分为危重患者，语言沟通起来比较困难，陈静专门为这些患者制作了一本《新冠护患沟通手册》。

连续的高强度工作，让穿着厚重防护服的陈静感到闷热，没有食欲，一天下来，身体近乎虚脱。一天，领导打算把她暂时调出重症监护病房，陈静坚决不同意：“我不一定做尖兵，但我不可能做逃兵。如果连我都害怕，那谁来救患者？”

在这场战“疫”中，如果说火神山医院是一把战场上的尖刀，那么重症病房里的像陈静这样的医护人员就是尖刀上的刀尖。虽然面临着各种挑战，背负着很大的压力，且连续作战，但是陈静没有丝毫退缩，她坚守岗位，并出色地完成了任务。在她的身上，我们看到了千千万万医务工作人员的担当与责任。在抗击新冠肺炎疫情的关键时期，她们精心护佑着生命，用自己的勇于担当与无私奉献，彰显了巾帼力量。

与此同时，在抗“疫”的大后方，为了支持前线抗“疫”，无数女性立足岗位，兢兢业业，以自己的方式弘扬着抗疫精神。

新冠肺炎疫情发生后，海化集团氯碱树脂公司的女职工们坚守一线岗位，加足马力生产次氯酸钠，保证市场的供应。该公司生产的次氯酸钠，是84消毒液的主要成分。疫情发生后，公司向社会无偿捐出大量次氯酸原液，为抗击疫情贡献自己的力量。而这其中，冒着风险坚守在一线的女职工们表现出了应有的担当。

为满足市场的需求，公司电解车间及时调整产品结构，将产量从每天的20吨提高到60吨。因防控疫情，生产岗位严重缺员，次氯酸钠生产线运行甲班由8人减至5人，减员将近一半。生产任务重、人手少，这种情况以前很少遇到，所以大家都会提出这样的问题："活多人少，是怎么个干法？"

李兆霞是电解岗位的主操作，这个时候，她果断站了出来，和大家说："人手少咱就少休息，多产多杀毒。我是主操作，缺人的岗，我来顶。"她的语气坚定有力。大家听后，精神立刻振作起来。

电解车间的岗位有个特点，就是比较分散，巡检一遍至少要20分钟，隔1小时就要记录一次巡检结果。为了确保产量，并使设备稳定运行，李兆霞一刻也不敢放松，不是在主控室详细记录设备的电流、压力等参数，就是在现场巡视设备、管线。只要设备在运转，她就跟着一起忙碌。

从早到晚，她忙得像个陀螺，大家担心她身体吃不消，建议她休息一下，暂时让别人替代她的工作，她说："我是主操作，这责任谁也替不了，你们的岗位也不轻松，大家各负其责，保证不出问题就好。"

在工作中，李兆霞坚守职责、不畏压力，在公司与社会需要的时候，毫不犹豫挺身而出，硬是用自己柔弱的肩膀撑起了车间疫情防控的“半边天”，展现了新时代一线女工的巾帼精神。

女性可以柔情，但不能柔弱，在平凡的工作岗位，要坚守初心，要用温柔而坚韧的女性力量展现时代赋予的担当，特别是在危难时刻，更要善于践行、发扬抗疫精神。

巾帼担当，绽放新时代芳华

每个时代都有自己的时代主题，每代人都有自己的使命。新时代的女性，在实现中华民族伟大复兴的“中国梦”的征程中，不但要贡献智慧、展示豪情，更要敢于担当，在各自的岗位中释放巾帼力量。

在现实生活中，受一些传统思想的影响，很多人都认为女人是脆弱的，像“社会和事业”这样的“大事”“难事”是男人应该考虑的问题。其实不然，女人也有自己的优势，特别是新时代的女性，她们更有抱负、更独立、更勇敢，事实也证明，她们在大部分行业中都不比男人差。更何况，担当并不是男人的特权，女人同样需要有担当。

黄文秀生前是广西壮族自治区百色市委宣传部的一位普通干部。2016年，她研究生毕业后，主动请缨到百坭村工作。2019年6月17日，黄文秀在突发山洪中不幸遇难，献出了年仅30岁的宝贵生命。

黄文秀刚到百坭村担任驻村第一书记时，为了快速融入当地人的生活，她挨家挨户走访，并且亲手绘了一幅地图。平时，当地人习惯讲方言，为了便于和大家交流，黄文秀一有时间就练习，没有几个月，她就能和大家用方言交流了；为了脱贫，她帮村里引进了砂糖橘种植技术，还教村民在网上做生意；为了改善村里的环境，黄文秀协调给每个村建起了垃圾池；为了让村里孩子了解外面的世界，放暑假的时候，黄文秀联系母校志愿者来村里跟孩子们一起活动；她深知教育可以改变农村孩子的命运，她主动帮村里贫困户梁家都的两个孩子申请了助学贷款。

任职期间，黄文秀始终将群众的安危冷暖装在心里，带领群众发展多种产业，为村民脱贫致富倾注了大量的心血和汗水。在她的驻村笔记中，有这样一句话："每天都很辛苦，但心里很快乐。"

黄文秀不忘初心、牢记使命、勇于担当、甘于奉献，主动申请到最艰苦的地方工作，她用短暂的生命诠释了人生的价值。她尽忠职守、不输男儿的英雄气概，彰显了"半边天"的智慧和力量，体现了当代女性敢于担当的卓越品格。

进入新时代，女性拥有了更宽广的发挥自身的舞台，她们在各个行业大放异彩，而且在很多领域表现出不可替代的优势与独有的魅力。比如，她们普遍具有细腻而坚韧的工作作风；她们相对于男性更善于沟通和合作；在她们身上耐力与智慧并存，等等。也正因为如此，在各个行业，女性的贡献与担当丝毫不逊于男性。

吉女士是一名共产党员，也是一名医务人员，在抗击新冠肺炎疫情的关键时刻，她挺身而出，以大局为重，舍小家顾大家，把人民群众的身体健康和生命安全放在了第一位。

疫情期间，接到抗疫任务的吉女士向领导保证：疫情就是命令，共产党员就应该冲锋在前，使命重于泰山，坚决把人民群众的生命安全和身体健康放在第一位，不忘初心，不辱使命。面对疫情，保护好自己才能更好地照顾好病人，圆满完成组织交给的任务，坚决打赢疫情防控阻击战！

在出征仪式上，这是她做出的庄严承诺。她说到做到。

在医院，她每天要工作十小时以上，需要照顾三十多名患者，负责发药、量体温、观察病情、三餐发放、为新病人发放生活用品等工作。这些工作看似简单，却都必须在穿着层层防护服的情况下操作，用她的话说就是“勒、闷、头疼、冒汗、行走不便”，但她无怨无悔，在这场没有硝烟的战场上充分展现了当代女性的亮丽风采。

在现实中，很多女性都如吉女士一样，虽然她们外表柔弱，却拥有强大的内心；虽然她们做着很普通的工作，却非常有担当。她们没有惊天动地的壮举，只在平凡中无私奉献，但在她们的身上，我们看到了当代女性的伟大。

作为女性，不论在生活中扮演何种角色，都一定要有担当，要敢于担当，这样才能更加体现自身的价值和优势。

准确定位角色，明确职责担当

我们每个人都像机器上的一个零件，机器能否高效运转，关键要看各个零部件是否能发挥其应有的作用，扮演好其应有的角色。一个组织或是团队也是如此，一个组织或团队的高效运作，离不开每个成员的努力，大家只有对自己的角色、作用，有一个正确的、理性的认识，才能完成好自己的使命。

在工作中，很多女性明明很有实力，情商也不低，但是看上去却不那么优秀，这是因为对自己的认识出现了偏差。说到底，是自己的角色定位不正确。老子说："知人者智，自知则明。"这里的"自知"指的就是"对自我的认知"。一个了解自己，熟知自己的能力与优缺点的女性才能更好地"自我定位"，发展自身的优势，体现自己的担当。这样的女人无疑是睿智的，她们有足够的能力让自己活得洒脱、活得惬意、活得有品质。

我们先来看一个故事。

很久之前，有一个磨坊的主人，他养了一头驴子和一匹马。驴子用来拉磨，马用来驮载货物。驴子看到马整天载着主人出去旅游、周游世界，自己却只能整日在磨坊里围着磨盘打转，心里有些不平衡。而这匹马也特别羡慕驴子的生活，它觉得驴子不用风吹雨淋，无须跋山涉水，只是在温暖的室内完成工作，因而也对驴子的工作也十分向往。

主人在听到马和驴的哀求之后，终于答应给它们调换岗位。

驴负责跟着主人一起驮载货物，马每天在磨坊里拉磨。刚开始，它们都认为对方的工作简单又轻松。很快，马拉了半天的磨盘就气喘吁吁，头晕眼花；驴子驮着主人又背着货物，走了不久就开始满头大汗，口吐白沫。

“再也不干这样的工作了！”驴子和马叫苦不迭。它们的工作效率越来越低，主人只好让它们重新回到自己的岗位。

显而易见，驴子和马在完成团队工作的时候，对于自己的工作角色定位错误，高估了自己的能力，所以才会抱怨连连。

对一个成年女性来说，我们要学会和自己做深度的交流，要清楚自己在社会、工作、生活中扮演的角色是什么，如何扮演这些角色。如果看不清楚这些，又怎么体现自己的责任与担当？

认识周芸的人都说她不成熟，对自己缺乏正确的认知。的确，有些才气的周芸总认为自己很优秀，她注重以智取胜，她认为，一个人勤勤恳恳，不值得肯定，这样的人工作效率也不会高。所以，她很少会卖力工作。每天，她到公司的第一件事就是先打开购物网站，瞅瞅购物车的物品有没有搞促销活动；然后看一些小视频，还边看边笑；接着又逛一逛某论坛，看看今天的热点是什么，大家都在关注什么，时不时还要评价几句。忙完这一圈，差不多也要一个小时。当她拍拍脑门说：“开始干活。”又觉得工作乏味，缺乏激情……

一年下来，她换了好几份工作，没有一份让她满意，不是干几天不干了，就是被老板炒了鱿鱼。后来，她想做服装模特，还想做摄影师，甚至想做一个网红，但就是不想做好眼前的工作，她认为越工作越没意思，但又不知自己该做什么好。

或许周芸真该醒醒了，多问问自己，要给自己一个什么样的人生？多反省反省，为什么总被现实碰得头破血流？如果她能对自己有一个清醒的认识，不论做什么工作，只要有一点担当，也不至于如此狼狈。

很多时候，一个女人不能对自己做出客观的评价，是因为她们对自己缺少理性的认识。对自身的评价过高的女人往往表现得盛气凌人、不可一世；而对自身评价过低的女人却又容易怯懦、退缩，缺乏自信。而要想缩小自我评价的偏差，就应该全面地认识自己、了解自己。

进入新时代，女性实现自我的机会有很多，不论做什么，都要先对自己有清晰的认识和准确的定位，这样才能扮演好自己的社会或是职业角色，即使遇到各种挑战，也知道该如何调整自己。否则，找不准自己的位置，认不清现实，又谈何理想、抱负与担当？

敢于挑重担，担当中见精神

很多人都看过这样一则小故事：

在一座庙里，一个老和尚和一个小和尚相依为命。

老和尚每天挑着柴火翻山越岭去集市卖掉以换取一天的口粮。后来，为了培养徒弟的吃苦精神，他让小和尚挑着柴火到集市去卖。

小和尚虽然有些不情愿，但还是勉强地答应了。挑了两天，小和尚再也挑不动了。老和尚没办法，只好叹着气说：“你到一边歇着吧。”就这样，老和尚依然一天接一天地挑柴。

然而，天有不测风云。有一天，老和尚不幸病倒了，一躺就是半个月。眼看没米下锅，小和尚只得硬着头皮挑起了生活的重担。每天天不亮，他就学着师父的样子上山砍柴，然后挑着去集市卖，一点儿也不觉得累。

“徒儿，悠着点儿，别累坏了身体！”老和尚怜爱地看着他说。这时，小和尚停下手中的活儿，对老和尚说：“师父，真是奇怪，刚开始你叫我挑柴火那两天，我挑那么轻的担子都觉得特别累，可是现在我挑的担子越来越重，怎么反倒觉得担子越来越轻了呢？”

老和尚赞许地点点头，说道：“一方面是因为你的身体承受能力练出来了，更重要的是你的心理成熟了！成熟使你产生了勇挑重担的勇气，当然就觉得担子轻了！”

只有不断地去锻炼，才能够成熟起来。成熟的结果就是可以让人更有力量，更能承担重任。当你能够从容地挑起重担时，就没有什么能够压垮你。

在如今这个时代，我们甘愿挑重担，往往不是因生活所逼，而是为了实现自我，为了某种理想。从这个角度看，挑重担不应是男人的专利。柔肩挑重担，更能体现女性的地位、担当。事实也是如此，在许多行业中，女性都身处攻坚克难的第一线，她们一往无前，锐意进取，展示了新时代女性的优秀品质。

黄春燕是全国劳动模范，全国技术能手，也是同事眼中的“女焊子”。她出身于一个“老军工”家庭，19岁就进入安徽博微长安电子有限公司，并成为一名焊工。

电焊是个让人“眼前一亮”“两耳发闷”的职业。电焊工不但要忍受火花飞溅和刺耳的噪声，还容易被烫伤，而且焊接产品的时候不能躲，要聚力凝神，否则容易焊歪，影响产品的质量和美观。在黄春燕的胳膊上，留下了大大小小许多疤痕。这是疤痕，也是“勋章”，它在无声中记录了黄春燕在工作中的点点滴滴，见证了她是如何在男性主导的电焊领域脱颖而出，并成为一位精益求精、技术过硬的“女焊子”。

一转眼30年过去了，黄春燕始终像一颗永不生锈的螺丝钉，钉在自己的工作岗位上，她参与焊接的高原自行式炊事车建功汶川地震、玉树地震救灾现场；她焊接的雷达多次执行国家大型活动安保任务，为北京奥运会、上海世博会保驾护航；她焊接的军事装备在国庆60周年阅兵式上威武亮相。黄春燕带领她的团队攻克了20余型雷达装备焊接难题，多型雷达分别获得电子工业部科技进步二等奖、国防科学技术三等奖。

黄春燕常说：“遇到困难首先你就要带头，敢于担当，勇挑重担，这就是作为党员的身份要求你这样做。”由于表现出色，黄春燕被评为“安徽省国防科技工业技术能手”“全国电焊大师”。2010年，由她领衔组建的“长安焊接技能大师工作室”被确定为省级技能大师工作室试点单位。2015年，黄春燕获得“全国劳动模范”称号。

黄春燕30年如一日，坚守着自己的那份责任，默默地钻研、耕耘，她把自己的生命与企业的兴旺、国家的发展联系起来。她勇挑重担、敢于担当，这既是对党员身份的要求，更是一种“钉子”精神的体现。

柔肩挑重担，巾帼胜须眉！在如今的职场，像黄春燕这样的“半边天”有千千万万个，她们主动跳出舒适区，顶得住压力，扛得起责任，在工作岗位中勇于尝试，不断突破，表现出了极大的胆识与魄力，展现出最美的奋斗姿态。正是因为她们，我们看到了新时代女性的柔美与坚强。

做事成熟稳健有担当

很多人认为，“担当”是一个很有分量的词，只有成大事者，或是大人物才“能担当”，“敢担当”。其实不尽然，担当更多地体现在日常平凡的生活与工作中。有担当的女性，处处都能体现她们的用心和责任感。特别是在今天，有责任、有担当的新时代女性越来越多。

几个月前，某单位来了几位实习生，除了一个是二本院校毕业的女生外，其他几位个个都是名校毕业。这位二本院校毕业的女生不善言谈，履历也没有什么亮眼之处。

由于缺少相关工作经验，领导就让这几位实习生负责核对节目播出前的字幕。对他们来说，这个工作算不上难，但因为字幕文字量大、时间紧张，所以既要细心，还要有耐心才能降低差错率。

每次，这几位实习生核对完后，或多或少还是会出现一些错误。对此，领导也表示理解，毕竟他们还是实习生。

但让领导眼前一亮的是，那个最不起眼的女生，不管一天核对多少字幕，都很少出现错误，哪怕是生僻字、多义字，她也都核校得非常准确，即使是一个工作了多年的员工，也很难达做到这一点。

从那之后，领导交给这个小姑娘的工作越来越多，找资料、报选题、联系采访，她总能踏踏实实、高标准完成任务。是她的能力很强吗？其实不然，是因为她对自己的要求总是比别人高一些，且做事稳健有担当。

在工作中，别人对某个文字有疑问，会直接去上网搜索，而她总是随身携带一本字典，网上查过之后，还要在字典上查一遍，相互印证。别人核对一两遍就算完成了，她一定要核对三遍以上。

实习期结束后，只有这个女生被留了下来。

做事有担当、负责任，才是一个成熟的职场人应有的素养，也是其制胜的法宝。

不论你在什么职位上，总有属于你的工作与职责，这是你应该做的。你做到位，是你的本分，你做到出类拔萃，是一种担当。尤其是职业女性，总要有点担当，即便我们没有足够的阅历和智慧，没有精湛的专业技能，没有办法做到行业的翘楚，但只要我们有耐心和责任感，就能把事情做好。著名舞蹈艺术家陈爱莲曾说："每个女人都应该有成就，这种成就，不是创造奇迹，而是要把平凡的事情做好。"

刘英是一位普通的驻村干部，主要负责当地的扶贫工作。三年前，她主动请缨，果断挑起了某村的脱贫攻坚担子。她有20年的农村工作经验，对农村有着深厚的感情，也深知农村脱贫工作的困难所在。

为了帮助全村脱贫，她深入村屯贫困户家中，调查摸底，掌握村情民意，分析贫穷的原因，倾听大家的心声，并制定、完善脱贫计划，确定发展产业，争取项目支持。

一年下来，脱贫工作取得了成效。但她没有就此放松，一方面，她深入学习与扶贫有关的政策，熟练掌握政策内容，为开展脱贫攻坚工作，细化工作流程。另一方面，她开展深入细致调研，为了全面掌握贫困家庭的致贫原因，她每到一户都与他们聊家常，了解致贫原因，核算当前收入，详细做好记录，以便掌握第一手资料。

在工作中，刘英用实际行动恪守了党员的“初心”和“使命”，践行了一名扶贫专干的“忠诚”与“担当”。因为工作出色，且有成效，2020年3月，她负责的村提前实现脱贫。她也因此被当地政府评为“先进基层工作者”。

在生活中，有无数像刘英这样的女性，她们可能是基层党员、干部，也可能是企业家、职工，她们做事沉稳，有担当，能抗起责任，只要社会与国家需要，她们都会义无反顾地站出来，做好力所能及的事情，用自己的行动撑起最美的“半边天”。

不论我们的能力有多强，都不应浮躁，都要脚踏实地，在成熟与稳健中体现一个职业女性应有的担当，用心对待在职的每一天，做好每一件事，在普通平凡的工作中逐渐积累经验，磨炼自己，增长学识，让自己有更好的职业发展机会。

事不避难，才能扛住事儿

作家余华曾说过一句话：“中国年轻一辈人里面，有很多优秀者，但很少有能抗得了事儿的人。”纵观职场，所有能成事的女性，身上或多或少都带着点才华，有人擅长技术，有人擅长用人……但如果非要找到一个共同点，那就是她们都能扛事儿。

那什么叫能扛事儿？简单来说，就是遇事不逃避，不轻易放弃，即使失败了也要从头再来。

人生在世，没有人能逃脱凡俗的牵绊，只要活着就要担当起生命之艰难。这份担当不仅为自己，也要为别人。

在生活中，有这样一种女性，她们心态积极，遇事不逃避，该是自己承担的，就一定会去承担，无论是事业、家庭，能扛起来的都会去扛。这样的女人是可敬的，也是能做成事的。

G女士毕业后，在一家知名的互联网公司工作。她开始只是个普通的技术人员，工作到第三个年头，就被晋升部门经理，管理着三十多人的团队，负责一些新产品的研发工作。

与G女士一同入职的还有两个名校的硕士研究生，后来，他们都成了她的下属。G女士为什么能在如此短的时间内，从众多精英中脱颖而出呢？靠的就是担当。

她说：“刚到公司的时候，我并不会刻意去区分，这是谁的工作，那是谁的工作，在我完成自己的任务后，我会主动找一些工作做，这个时候，我更乐意帮助同事。”

平时，即使公司不要求，她也会加班加点，几乎每天都顶着星星回家。她做事很少会设边界。在她负责技术时，如果遇到产品销售方面的问题，她也会积极地参与讨论解决产品的营销方案。在她看来，在工作中不应将分内分外分得太清，一个人的责任心，无形中会驱使他做更多事情，并让他得到很大的提升。

在工作中，G女士事不避难、不怕困难、不怕吃亏，正是这种敢于担当的责任心，让G女士在短时间内实现了快速成长。有担当的人，遇到问题、难事不会退缩，反而能挺身而出，并会尽量解决问题，让事情得到圆满解决。

对于一个女性来说，当你有了担当，你就有了前行的勇气和力量，这份担当会指引你、成就你，让你的人生拥有向上生长的蓬勃力量，让你的每一步都走得更加坚实有力。

刘曼思在一家公司做后台运营，工作涉及面较广，时常要与人力资源、行政、营销部门沟通，而且还要处理许多棘手的事情。

刘曼思的这个职位，一年内曾换了五个人，他们离职的理由都差不多，嫌事儿多，还容易得罪人。但是刘曼思接手后，却把工作做得有声有色。有时，她也会被投诉，但是她从没有放弃的念头，每次她都会直面问题，该扛的事儿都一个人扛起来，有时甚至会牺牲一些自己的利益。

在日常工作中，如果上司面临困难与挑战，她会选择与上司站在一起，一同面对，一同扛事儿；如果自己的工作出现了问题，该是自己的责任，她会毫不犹豫地承担起来。她从来没有怪罪过别人，更没有推卸过责任。

老板非常欣赏她的这种做事风格与担当精神，所以一年内提拔了她两次。

刘曼思是一个有担当的人，在做人做事的细节中，处处都能体现她的用心和责任感。可见，一个职场女性能扛多大的事，就能成多大的事。能扛事儿，是一个人最了不起的品质。

新时代，要有新作为新担当

桥的价值在于能承载，人的价值在于能担当。担当并不是男人的特权，女人同样需要有担当。特别是在当下，时代赋予了女性新的使命，其承担的家庭、社会责任也比以往任何时候都多，这都要求她们学会担当，敢于担当，善于担当，如此才能有所作为，才能出类拔萃，才不负这个美好的时代。

在我们的身边，大多数女性在工作中默默地奉献，整日奔走于单位与家庭之间，在生活、工作、社会中切换自己的角色。她们看似平凡，且如杨柳般柔弱，实则坚韧无比，而且她们心中都有一个朴素的理想，并为了理想能坚持、有担当，是一朵朵最美的“女人花”。

周琳是一家公司的副总经理。她自参加工作以来，一直在冶炼行业工作。在一般人看来，在这个行业，女性没有什么优势可言，担不了重任，也吃不了工作中的苦。

但周琳不信邪，她参加工作十多年来，始终坚守在第一线，从最基层的技术员，到现在主管公司安全、生产的副总经理，她一直从事与生产直接相关的工作。她爬过海拔几千米的矿山，也下过地下几百米的深井，虽然工作环境比较艰苦，但她没说过一句累，她坚信，只有成为一个有担当的女人，才能实现一个女人的价值。

在她的带领下，公司完成了焙烧电炉改造，优化配矿工艺，其中仅电炉改造一项每年为公司节约数百万的电费支出，为公司发展提升做出了贡献。

在平时的工作中，周琳雷厉风行、敢做敢当，身上有一种闯劲儿。用她的话说就是：“自己的责任要自己背负，自己的错误要自己承担。人生的舞台很宽广，我想，勇于担当会让我更快乐、更努力。”

如今，不论家庭还是社会，都为女性提供了广阔的天地。只要积极努力，敢于担当，每个女性都能发挥自己的独特作用，在最美的时代做最好的自己。

新时代，女性要有新的担当，要多做先锋，少做看客。在新的担当中，为社会贡献自己的绵薄之力，同时追求更大的人生价值，是如今许多女性的新选择。

张碧珍是一名退休教师，也是某社区的一名党员。2002年，这个社区成立了“夕阳红”志愿巡逻队，张碧珍第一时间积极报名参加。这支队伍一共有30个人。他们十几年如一日，每天戴着红袖章坚持在辖区内义务巡逻，并做好详细记录，如果发现自行车没有上锁，汽车门敞开的，会给予及时提醒；小区的住户有什么纠纷矛盾，张碧珍也会协助居民委员会做好矛盾纠纷调解工作；发现房前屋后公共场所有安全隐患也会及时向居委会报告。

她认为：“作为志愿者，就应该多走几步，多说几句，多听一点，利用义务巡逻的便利条件，成为社区相关工作的信息员，让妇女半边天可以更好地为大家服务。”

2016年，该社区又成立了“创城大妈”志愿服务队，张碧珍又是第一个跑去报名参加，近四年来，不管刮风下雨，还是严寒酷暑，她都从不掉队，坚持在志愿服务的第一线，起到一个共产党员的带头作用。但她认为作为一名志愿工作者，她现在做得远远不够，还得继续努力，并立志要将“我心有你，助人悦己”的志愿者精神传遍辖区。

在生活中，有许多像张碧珍这样的女性，她们人离开工作岗位后心不离岗，仍然积极奉献，用自己积累的知识、技能和经验帮助他人。她们心有使命、肩有担当，在平凡的岗位上既发挥了余热，又焕发出一种时代新风采，引领了一种时代新风尚。

09

第九章

开拓进取，永远保持奋进的姿态

在优秀的人眼中，人生只有没有四季，只有两季——奋斗是旺季，不奋斗是淡季。所以，不管你的过去怎样，重要的是，现在你要保持奋进的姿态，一定要让自己活得精彩，休管他人喝不喝彩。

人生没有捷径，只有奋斗

如果你不想在自己的人生中留有遗憾，从现在起，就要选择奋斗。在这个追求多元化的时代，只要你够努力，就不会辜负青春，就能活成自己想要的样子。

这是一个崇尚奋斗的年代，作为女人，要想跟上时代的步伐，就必须摆脱一些传统思想的影响，放弃依赖思想，用奋斗成就自己。在这个世界上，没有谁可以为你服务一辈子，也没有谁可以让你依靠一辈子，父母不行，男人不行，子女也不行。你要想活得精彩，自己就必须要奋斗。

蔡依林的努力在歌坛是出了名的，圈里就有人称她是“拼命三郎”“歌坛劳模”，连她身边的工作人员都说她有时候简直就是个“疯子”，无论公司提出什么样的要求她都能接受。

其实，在进军歌坛之前，她的舞跳得并不好，手脚不协调，韵律感也不是很强。可就是这样一只“丑小鸭”，靠着个人的不懈努力成为今天美丽的“白天鹅”。每次出新专辑，她都要主动学习新的东西。在专辑《爱情任务》中，她挑战极限，学跳“无重力彩带舞”。练习这种舞蹈，需要表演者在空中不停地转来转去，许多次从空中下来，她都会头晕。有一次，患感冒的她从3米多高的空中做完动作后下来就晕倒了，醒来后，她推开众人，不顾众人的劝阻，又开始了新的练习。

在蔡依林的人生哲学中，她一直坚守着这样一句话——“努力突破自己，人生没有盲点！”早些年，在接受一家媒体专访时，她曾说：“我从小就知道‘人外有人，天外有天’，大家都想做天才，但没有那么多的天才，要当第一名并不容易，必须努力才行。我不懂那些因困难而中断梦想的人在想什么，我从不知道放弃的感觉是什么！”的确如此，蔡依林之后走过的路证明了这一切——她始终是那么地勤奋与努力，从不言弃。

从某种意义上说，每一个人在人生路上的奋斗过程都是一个挑战自我的过程。因为接受自我的挑战，所以才有机会获得成功。

不断追求进步的人生才是幸福的。因为生活就是这样，它在不断地给我们设置沿路的阻碍，只要追求进步，最后的结局就会走向美好。面对一切未知的困难，我们必须鼓起勇气向前冲，因为你的每一次努力，都很了不起。

有一个农村女孩，她从小的理想就是当一名作家。为了实现这个理想，她坚持不懈地努力着，十年来，她坚持每天写一篇500字的短文，并且会反复修改，精心加工润色，然后满怀希望地寄往全国各地的报纸杂志。令人遗憾的是，尽管她很努力，可是从未发表过一篇文章，甚至连封退稿信都很少收到。

在她29岁那年，她总算收到了十年来的第一封退稿信。那是一位她多年来始终坚持投稿的刊物的编辑寄来的，信中写道：“看得出你是个非常努力的青年，但我不得不遗憾地告诉你，你的知识面太狭窄，生活经历也显得不够丰富。不过从你多年的来稿中我发现，你的钢笔字越来越好了……”

这封退稿信虽来得有点晚，却点出了她的不足之外，还帮她找到了自身的闪光点。于是，她毅然放弃了写作，转而练起了钢笔字，结果练出了一手好字。后来，她凭借自己的实力，加入了当地的书法家协会，自己的作品也多次获奖，成了当地小有名气的书法家。

在我们身边，像故事中的主人公这样坚定理想，并孜孜不倦努力的女性有很多。她们用心、专注、坚持，不是为了有了一份稳定的收入，也不是为了嫁个好人，而是为了成就一个更好的自己。

其实，每个女人都是一座宝藏，你不主动开发，就只能等着它荒废。如今，不懂奋斗、不求上进的女人很少，除非你自甘堕落。时代在进步，你一定要通过不断努力去拔高自己，只有努力了，才会在老去的那一天，不为自己留有遗憾。

安全感，要靠自己给

很长一段时间，有一种观念在无形中约束着女人：一个成功男人的背后，总会有一个默默支持他的女人。正是基于这种认识，当夫妻之间出现感情危机，或者在家庭或事业中出现了不和谐之音时，许多女人会本能地牺牲自我，成全男人；牺牲事业，维护家庭。

其实，做妻子也好，做母亲也罢，女人都应该有自己的事业，只有事业才是女人幸福的靠山。正如一位企业家所说："我们每个人都像小丑，手中玩着五个球，这五个球是：工作、健康、家庭、朋友、灵魂；而这五个球只有一个是用橡胶做的，掉下去会弹起来，那就是工作，另外四个球都是用玻璃做的，掉了，就碎了。"

曾经，有一位女士为了控诉自己的丈夫，在网上发了一个帖子，引起了网民的热议。

她的丈夫是一家知名企业的程序员，平时工作很忙，经常加班加点，每天回家很晚，即使回到家，不是倒头呼呼大睡，就是不停地刷手机、玩游戏，从来没有听他说过一句关心的话，俩人也很少交流。

丈夫年薪80万元左右，银行卡由她保管，虽然她从不为柴米油盐发愁，但她觉得自己如同单身。

她对这样的婚姻生活没有信心，甚至想到了离婚。于是，想听听网友对这件事的评价。

下面的评论五花八门：

有的说：“如果我老公每月给我这么多钱，我才不管那么多，他爱去哪儿去哪儿。”

有的说：“好羡慕你，我的老公又没钱又不顾家。”

也有的说：“劝你赶紧离婚吧，他不会外面有人了吧？”

……

其实，这位女士的矛盾心理不少女性都曾有过：她们一方面希望自己的丈夫为家努力打拼，一方面又埋怨他专注事业而不关心她。话说回来，如果男人整天陪着她而无心工作的话，她又会觉得这个男人没事业心。

女人都既希望丈夫事业有成，又对她呵护备至，但现实与理想总是有差距。在大多数家庭中，男人不可能做到事业有成，又能无微不至地照顾家人，在二者之间，他们只能做适当的取舍。一般来说，男人可能会把更多的时间投入在事业上，况且，女人也更倾向于支持男人的这种选择，因为在她们看来，对事业专注的男人，更能够给自己带来安全感。

其实，最能给女人安全感并不是男人，也不是男人的事业，而是女人自己。纵观我们身边一些人，活得自信、从容、精彩的女性，你会发现一个共性：她们年轻时就很独立，就有过一定的奋斗经历，她们的努力改变的不只是自己的生活，还有男人的世界。一个懂得奋斗，非常上进的女人，在男人眼中更有魅力，也更值得他们呵护。

对于女人来说，生命中会有很多的不确定。比如，结婚后需要改变的东西有很多，既要接受自己的新身份，又要面临生孩子，将来还要回归职场，等等。男人爱你的时候，他会给予你一定的安全感。如果不爱了，他还会给予吗？所以说，你不努力，靠谁都没有用。

惠娜结婚后并没有放弃自己的事业。只是在生宝宝的那段时间，她只是暂时离开了职场。回归职场后，她继续全力为事业打拼，并且从一个组长做到副总经理的位置。她说："男人的事业是男人的，而女人的事业是女人的。其实，无论是男人还是女人，都应该要有自己的事业。"

她的老公事业有成，之前有不少人曾建议她把心思多放在孩子身上，等孩子大了再忙事业也不晚。她说："我忙工作，也不耽误照顾孩子和家庭，而且这样更充实。如果放弃了工作，不但会增加丈夫的负担，也会让自己失去安全感。"

现在，很多女性在结婚生子后会选择重返职场，这样做不是为了别的，是因为事业对她们来说真的很重要。只有自己的事业够好，才有能力养活自己，才能给自己带来安全感。一个女人，一旦有了靠婚姻或某个机会来改变自己命运的想法，那她丢掉的可能不仅仅是工作、事业，还可能是余生的幸福。

聪明的女人不会为了爱情、婚姻做谁的附庸，更不会轻易放弃自己的事业，更何况在这个时代，有能力的、优秀的女性都在努力，我们又有什么理由不努力呢？

杨月曾是一名很优秀的女记者，几年前，她从传统媒体转战新媒体，后来，她又去了企业工作，在圈内也小有名气。不过，几经跳槽转战，她发现，收入是多了不少，但无法平衡事业与家庭，经常感到身心俱疲。这不是她真正想要的生活。

经过了很多次的选择和挣扎，杨月终于发现了自己内心真正想要的东西。重新确立方向后，她开了家花艺工作室，当起了老板。经过半年多的苦心经营，工作室的生意终于有了起色，她累并快乐着！她说："我终于获得了心灵和时间的自由！"

现在，很多女性的内心都缺少安全感，她们时常担心事业、家庭、未来，甚至担心另一半出轨……其实，所谓的安全感，都是自己给予的，有自己的工作和生活，内心的安全感就越足！

靠自己的能力去憧憬未来，用自信去面对生活的变化，你会发现，安全感就在你身边，生活也会经常对你展开笑颜！

越努力的女人越幸运

在这个世界上，每个女人都可以选择自己的生活方式：有的可以吃得简单，但不能穿得普通，有的可以住得一般，但生活要有格调，有的喜欢吃吃美味，追追剧，有的热衷到外面去看看……

当然，也有一些女性会选择努力，努力工作，努力学习，努力……

她们拼了命一样的努力，只是想让自己有更多的选择，让自己的生命更有价值感，让自己获得更多的尊严与自由。

有些女人可能会说，十年前我可是校花呀，一年前我还是公司很牛的人。这都不重要，重要的是，现在你在做什么？

过去不能代表现在，但现在一定会决定将来。不能说你过去很优秀，现在就可以不努力了。逆水行舟，不进则退，越是在觉得困难的时候，越要努力。谁的生活不累？现在不累，以后就会更累。谁的人生不苦？现在不苦，以后就会更苦。这个时代很公平，你付出的汗水，洒下的泪水，走过的路，将来都会加倍偿还给你。

姜妍是辽宁省沈阳鼓风机集团股份有限公司的一位工程师。在她的主导下，我国设计并制造了第一台百万吨乙烯压缩机，一举打破了国外长期技术垄断的局面。姜妍因此也被称为“中国百万吨乙烯压缩机设计第一人”。

乙烯压缩机被称为乙烯工业的“心脏”，百万吨乙烯压缩机更是代表石化装备最高水平。2006年，国家决定建设三个百万吨乙烯项目，沈阳鼓风机集团股份有限公司承担了百万吨乙烯压缩机组的研制任务。这对公司来说是一个新的挑战。

由于没有成功经验可以借鉴，姜妍与她的同事每天都要查阅无数的资料，经常爬到数十米高的乙烯装置工作台，查看结构和搜集参数。不知经历了多少次失败，2010年，姜妍与她的团队设计的我国第一台百万吨级乙烯压缩机终于试验成功。两年之后，百万吨级乙烯装置第一次安上了“中国心”。2018年4月，由姜妍主导设计的120万吨乙烯压缩机开车成功。

在工厂，姜妍的努力大家有目共睹，正因为这种孜孜不倦的拼搏精神让她先后荣获了沈阳市特等劳动模范、辽宁省五一巾帼先进个人、全国五一劳动奖章、全国劳动模范等称号。2013年4月28日，她作为沈阳市产业工人的代表，在人民大会堂发言并受到了党和国家领导人的亲自接见。2016年7月，她被中组部授予“全国优秀共产党员”荣誉称号。

姜妍的事迹令人感动、催人奋进，充分体现了新时代女性的奋斗精神。在工作中，姜妍勤奋学习、刻苦钻研、锐意创新，在平凡的岗位上创造了不平凡的业绩，成为新时代知识型、技术型、创新型人才的优秀代表。

在这个世界上，没有一件工作不辛苦，但付出努力之后，你会发现自己要比想象中优秀很多。“有志者，事竟成；苦心人，天不负”，请相信，努力的人，真的会越来越幸运。

王伟是吉林化纤集团股份公司长丝五车间的值班长。2018年的“三八”妇女节，对她来说有着特殊的意义，因为她被评为了吉林市“三八红旗手标兵”。

39岁的王伟已经在吉林化纤集团工作了20年，凭借自己的勤恳与努力，她从一名普通的挡车工晋升为车间值班长。在她的带领下，她的班组在2016年被评为“吉林市巾帼建功先进集体”。在她看来，这份荣誉来之不易，是全班组人员努力的结果。

在平时的工作中，王伟兢兢业业、精益求精，严格按照要求完成各项生产指标。因为班组有了她这个带头人，班组的各项生产指标都名列前茅。她曾借鉴其他单位的经验，制订了岗前口号——“高标准，严要求，生产用户满意产品”。王伟还经常在微信群里通过实物演示和现场讲解介绍工作中遇到的一些情况，创新了工作管理的新方式。

刚参加工作时，王伟给自己定的目标是“当上值班长”，经过自己不懈的努力，这个目标现在已经达成了。现在，她又给自己定下新的工作目标，即带领她的班组，追求更高的产品质量。

在今天的职场上，无数像王伟这样的职业女性，她们不断努力，是为了通过个人成长实现个人价值，也是为了追求新的梦想。虽然工作很平凡，但是她们不甘平庸，积极进取，几年如一日，专注做好一件事，这样的女性没有理由不优秀，没有理由不成为生活的幸运儿。

在如今这个时代，你不努力，不但会错过许多人生的风景，也很难追上时代的步伐。作为女人，生活再不易，工作再困难，都不要放弃努力，只有尽你所能，才能为自己的生活创造更多可能。

用奋斗谱写新时代的华章

新时代注定属于奋斗者。今天，女性用柔弱的肩膀撑起了“半边天”，她们更加自立、自信、自强，她们对社会的贡献也越来越大，社会地位也越来越高，这与她们不懈的努力与奋斗是分不开的。

无论在哪个岗位，只要日复一日、月复一月、年复一年不懈奋斗，就一定能在职场中赢得掌声，在家庭中体现价值，用坚韧书写新的人生华章。

董明珠是珠海格力电器股份有限公司董事长。她是职业女性的典范，是众人仰慕的企业家，在她的成功的背后，有着许多不为人知的故事。

董明珠出生在一个普通的家庭。在36岁之前，她和许多女性一样，也只是一位普通的员工。36岁之后，她开始不断书写自己的职业传奇。

1990年，董明珠成为格力公司一名基层业务员。她凭借着不服输的韧劲，用40天的时间为公司追讨40多万元债款，这也让引起了当时的总经理朱江洪的注意。之后，靠着勤奋和诚恳，董明珠不断创造着格力公司的销售神话。

在工作中，她百分之百投入。平时，她每天只睡5个小时左右。她喜欢思考问题，一有什么想法，即使半夜一两点，也会从床上跳起来，拿起本子就记下来，甚至半夜打电话给老总。正是她的这种奋斗精神，许多营销绝招就是这样诞生的。

在公司，她做了这样的规定：上班时间不许吃东西，一经发现，第一次罚50元，第二次罚100元，第三次走人。有一天，在快要下班的时候，董明珠走进一间办公室，发现几名员工正在吃东西。她毫不客气，让每人交50元罚款。大家目瞪口呆。董明珠说，只要违反原则，再小的事，都是大事，都要管到底。

正是凭借这种孜孜不倦的努力，与雷厉风行的作风，她只用了15年的时间，就从基层直接做到了格力集团的CEO。51岁那年，她登上美国财富“全球50名最具有影响力的商业女强人榜”，53岁出任格力电器股份有限公司总裁，58岁董明珠正式被任命为格力董事长。

如今，董明珠已经是一名非常成功的人士了，但是她从来就没有放弃奋斗。竞争对手甚至这样评价她：“董姐走过的路，都长不出草来。”由此可见，她在追求成功的道路上经历了多少艰辛！

越来越多的事实证明：优秀的女性不仅能走进社会，还能在社会各个岗位上做得很出色，甚至可以成为独当一面的“巾帼英雄”，为社会、经济发展做出重要的贡献。

甄蔼仪，九尾科技创始人。她虽然是90后，但阅历很丰富，做过校园歌手、大学创业明星，还当过女性企业代表。她先后帮助3300万人解决了就业问题，为147万家企业匹配人才。她有很多头衔，每个头衔都意味着沉甸甸的责任。

2020年春，为了积极配合战疫工作，甄藹仪每天都在为同事们打气，帮助一些公司复工生产，先后为餐饮酒店企业输出大量员工，为生鲜配送商招收员工，帮助企业快速复工复产。

甄藹仪还是志愿者，主张传播正能量，为弱势群体提供援助，大学期间，提供服务20多次，共计300小时左右，她还携手《今日关注》，为河源市和平县留守儿童送去温暖。

作为女性，甄藹仪始终展现出一种坚毅的气质和不服输的精神。早在2012年，甄藹仪还在读大二时，就已经开始了自己的创业历程。当时，她与男友（现在的丈夫）王锐旭一起组建了“魔灯传媒”团队。因此，还一度被认为不务正业。但她没有打退堂鼓，很快，“魔灯传媒”在大学里的名气渐渐打响，短短一年的时间，甄藹仪就带领着团队赚了15万元。这次创业的成功让她很兴奋，同时也坚定了她创立一个更大、更有影响力的品牌的信心。

2013年，移动互联网迎来了春天。甄藹仪决定把握时机，做一个兼职服务平台，为大学生提供各类兼职信息。为此，甄藹仪成立了“九尾科技”，并推出国内首个兼职招聘APP——“兼职猫”。

2018，甄藹仪着手将九尾科技搭建成为“学习型组织”，打造“雄鹰计划”“雏鹰计划”，并带领团队实现2000万累计用户。如今九尾科技已经从小团队发展成为拥有300多名员工，分公司遍布北京、上海、武汉、成都、南京、天津、深圳的先进互联网企业。

作为90后女性创业者，甄藹仪不仅表现出了弱女子“刚”的一面，也充分展现了新时代下的“她力量”。就像她所说的那样：“创业不只是男性的专属，在我的创业经历中，我从来不以性别来限制自己，女性创业也可以闯出一片天。”

新时代开启新征程，新时代提供新舞台。如今，社会经济和文化的快速发展，为女性提供了更多的机遇，为女性的成长提供了温润的土壤，这使得中国女性不仅能够走出来，还能走得更远、攀得更高。据一些权威调查数据显示，中国企业家中女性所占比例高达30.9%，全球排名第八位，中国有越来越多的女性创业者踏入了商业浪潮，成为一股股不容忽视的“她力量”。

奋斗赋予女人精彩的人生

生活中的美好，是我们一步一个脚印踏出来的。人生本来平淡无奇，正是因为奋斗，才变得精彩纷呈。奋斗赋予了女人精彩的人生，所以，我们要活出真正的自己，赶快行动起来吧！哪怕这只是属于生命之中一段短暂的精彩旅程，但至少你努力过、奋斗过，活出了真正属于自己的样子，而不再一味羡慕别人的影子。

作为女人，要想人生不留遗憾，活出属于自己的精彩，一定要想着去奋斗，这个世界没有那么多的时间给你浪费，更没有那么多的机会让你错过。请相信，生活不会亏待努力奋斗的人。

电视剧《奋斗》曾经热播了一段时间，观众对剧中那群80后年轻人的奋斗故事产生了浓厚的兴趣。剧中的夏琳就是一位典型的80后独立奋斗女孩的形象。夏琳是一名学设计的高才生，人长得漂亮不说，而且很要强，她努力地让自己变得独立，所以她选择了奋斗。

夏琳与陆涛相爱，并爱得义无反顾，但是她不愿意成为成功男人的附庸，而是用自己的方式去不断奋斗，保持经济上和精神上的完全独立，开辟自己未来的道路。

“我只能自己去创造机会，我的机会不在你身上，而在我自己手上。你叫我明白了，别人再大的事儿也是别人的，自己再小的事儿也是自己的。请不要难过，陆涛，我必须把你当作别人之后我才能长大，我现在对自己不满意，我必须像你一样去努力去奋斗，之后我才会努力，我才会对自己满意。”她是这么说的，也是这么做的。

在感情出现危机的时候，她毅然远走巴黎不断去充实自己，用实际努力去争取自己想要的一切。

在夏琳身上，体现了80后女孩独立的性格，她们要爱，要真诚，她们不甘于躲在别人的光芒背后，她们渴望展示自己的才华与价值。

我们有时会抱怨生活中的各种烦恼和压力，抱怨的话再多也没有实际意义，只有我们选择了努力、奋斗，我们才能够获得幸福，没有奋斗，何尝不是生命的悲哀。奋斗让我们的生活充满生机，奋斗让我们的生活充满意义，奋斗让我们变得更加坚强，奋斗让我们变得魅力无限。人的一生，只要你奋斗，孜孜不倦的追求，理想就在眼前，也只有奋斗的人生才会精彩！

邓亚萍是世界乒乓球运动史上最为出色的女子选手之一。她5岁起就随父亲学打乒乓球，1988年进入国家队，多次获得世界冠军头衔；在乒坛世界排名连续8年保持第一，是乒乓球史上排名“世界第一”时间最长的女运动员，并成为中国奥运史上第一个夺得4枚奥运会金牌的人。

1997年后，已经退役的邓亚萍开始了她的求学之路，她先后到清华大学、诺丁汉大学和英国剑桥大学进修学习，并获得英语专业学士学位、中国当代研究专业硕士学位和土地经济学博士学位。在剑桥大学近八百年的历史中，邓亚萍是第一个作为重量级的世界顶尖运动员拿到博士学位的。2002年邓亚萍在国际奥委会道德委员会以及运动和环境委员会两个委员会担任职务；2003年，邓亚萍成为北京奥组委市场开发部的一名工作人员。2010年，邓亚萍担任人民搜索网络股份公司总经理。

2016年，邓亚萍与俞敏洪联手打造国内第一家体育产业创新创业平台。同年10月29日，河南邓亚萍体育产业投资基金在河南省正式成立，这是中国第一个由著名运动员命名的体育产业基金。

纵观邓亚萍的发展历程，她经历了几次成功的大跨度人生转折。而这些成就的获得都与她自身的不断奋斗密不可分。她的经历告诉我们，没有奋斗过的人，就不会拥有奋斗之后的精彩。

连优秀的女人都如此努力，我们有什么理由不努力呢？作为普通的女性，不论是为了家人还是自己，都要去奋斗，奋斗过的明天才会更好，人生才会不留有遗憾。